重度・重複障がいのある子どもたちとの人間関係の形成

高橋　眞琴　著

はじめに

　本書は、重度・重複障がいのある子どもたちとの人間関係の形成の意義とその方法について検討したものである。

　重度・重複障がいのある子どもたちは、第1章でも概念検討を行うが、言語、運動、認知、社会性などにおいて複合した障がいがあり、中枢神経の障がいに起因する様々な病態が複雑に絡みあっていることが多い。出生から、医療的な管理を必要とするケースも散見され、生命の維持に直接関わるような問題が起こることもあり、医療的ケアを必要とするケースもある。また、言語でのコミュニケーションの困難さや、意思表示表現の微弱さ、全面的な生活介助の必要性から、周囲の人が本人の人生を左右する場合があると考えられる。

　その複合的な障がいから、周囲の人々は、関わることへの困難性を感じ、専門家への依存的態度を示す場合がある。

　人間は誰しも幸福で文化的な生活を追求できる権利があるはずである。なぜ、言語でのコミュニケーションの困難さや意思表示表現の微弱さから自分の望むことを実現できないのか、なぜ、私たちが当たり前に享受できている生活を享受できないのか、といった疑問を重度・重複障がいのある子どもたちに関わるようになってから持つようになった。

　まず、確かに、現代の日本においては、以前と比較して障がいのある人々の社会参加も活発になりつつある。しかし、重度・重複障がいのある子どもたちの社会との関わりは、依然として様々な要因から十分であるとはいいがたい。重度・重複障がいのある子どもたちの家族に関しても、サポートする社会資源も非常に少なく、遠方まで、通院等の送迎を行っているケースも少なくない。このような、現状は、行政、福祉、教育の

施策や制度的な問題だけではなく、地域社会で生活する私たちに関係する社会問題ではないのかということである。

2つ目の疑問は、重度・重複障がいのある子どもたちに関する教育実践についてである。「自立と社会参加」ということばが重度・重複障がいのある人の教育では、よく使われる傾向にある。子どもたちは身体機能を改善するための学習を日々積み重ねている。このような子どもたちの努力だけではなく、社会成員も含めた教育方法論が必要ではないかということである。

これまでの重度・重複障がいのある子どもたちの実践及び研究領域は、特に、本人の生活面での能力獲得や行動変容を中心としたものが中心であり、医療、教育、療育（理学療法、作業療法、言語療法）など複数にわたっている。「関わる側の省察から関わりが進展するといった点から、実践の場そのものが研究的な色彩を帯びている」（松田、2009、p.34）ともいえる。つまり、重度・重複障がいのある子どもたちは、前述のように、言語でのコミュニケーションの困難さや、意思表示表現の微弱さから、関わる側が、身体の動きや意思表示表現の読み取りや意味づけをすること自体に研究的視点を要するため、「専門的な関わり」の志向が強くなりがちである。このように「専門的な関わり」の志向が強くなると、どうしても重度・重複障がいのある子どもたちに関わる人たちは、本人を取り巻く「医療・療育・教育関係者」「サービス提供者」「家族」に限定されていくので、人間関係の幅が広がりにくくなる。

本書においては、重度・重複障がいのある子どもたちの教育に関連する歴史的な背景や概念について、概観した上で、重度・重複障がいのある子どもたちと関わる人との社会的相互作用を中心とする、「かかわり」や「つながり」を考えるものである。

特に、後半部分においては、重度・重複障がいのある子どもたちの地域での活動や日本でも2014年に批准した「障害者の権利に関する条約」

と「合理的配慮」についても検討を加えている。

　尚、重度・重複障がいのある子どもたちは、音声言語でのコミュニケーションが困難なため、本人と関与者との社会的相互作用や相互性のある学習の過程を提示するには、本人の表情・発声・身体の動き等を捉えた静止画像や動画記録、記述式観察記録等の分析に依拠せざるをえない場合もあることを付記しておく。

注：本稿においては、法令をはじめとする文部科学省の通達等で使用されている用語、医学用語を除き「重度・重複障がい」の表現を使用するものとする。

❖　引用・参考文献

松田直（2009）「重度・重複障害児教育における実践研究のこれまでとこれから―係わり手の省察を視点として―」『日本特殊教育学会第47回大会発表論文集』p.34.

2016年4月

　　　　　　　　　　　　　　　　　　　　　　　　　　　　高橋　眞琴

重度・重複障がいのある子どもたちとの
人間関係の形成

目　次

はじめに

第1章　重度・重複障がいの基本的な概念について ── 9

1. 「重度・重複障害」の概念 …………………………………… 10
2. 「重症心身障害」の概念 …………………………………… 11
3. 超重症障害児（超重症児）の概念 ………………………… 11
4. 重度・重複障がいに近似する概念について ……………… 14

第2章　重度・重複障がいのある子どもたちの生活と教育の歴史 ── 17

1. 第二次世界大戦後の重度・重複障がいのある子どもたち ………… 18
2. 子どもたちが学ぶ権利を …………………………………… 19
3. 重度・重複障がいのある人々による権利運動の展開 ……………… 21
4. 障がいの概念の変遷 ………………………………………… 22

第3章　重度・重複障がいのある子どもたちの教育に関する研究動向
―子どもたちとのコミュニケーションやかかわりを中心として― ── 29

1. 重度・重複障がいのある子どもたちに関わる教員の専門性 ……… 30
2. 重度・重複障がいのある児童・生徒の「自立活動」と
   「個別の教育支援計画」に関連する文献的検討 …………… 31
3. 重度・重複障がいのある子どもたちの教育で活用されている
   方法論と関連する文献的検討 ……………………………… 38
4. 重度・重複障がいのある子どもたちの社会的相互作用に
   関する研究 …………………………………………………… 48

第4章　重度・重複障がいのある子どもたちとの人間関係の形成に関する支援者の視点 —— 55

1. 自立活動における「人間関係の形成」の区分の追加 …………… 56
2. 重度・重複障がいのある子どもを対象としたチェックリスト …… 57
3. 重度・重複障がいのある子どもたちとの「人間関係の形成」
   に関するチェックリストの作成過程 ……………………………… 59

第5章　「かかわり・つながりリスト」と活動プログラム —— 73

1. 「かかわり・つながりリスト」の趣旨 ……………………………… 74
2. リストの使い方 ……………………………………………………… 75
3. 「かかわり・つながりリスト」の活用例について ………………… 92

第6章　五感を生かした豊かな学習を目指して「ふれる・かんじる」のプログラムを通して —— 117

1. 重度・重複障がいのある子どもたちのよりよい学習に向けて …… 118
2. 子どもたちの「生きる力」を育む教育とは ……………………… 119
3. 重度・重複障がいのある子どもたちの社会的相互作用について … 120
4. 「ふれる・かんじる」のプログラム ……………………………… 121

第7章　重度・重複障がいのある子どもと周囲の子どもたちとの人間関係の形成 —— 137

1. 重度・重複障がいのある子どもと周囲の子どもの社会的相互作用 …… 138
2. 子どもたちによる手作り遊具を用いた活動場面 ………………… 139
3. 重度・重複障がいのあるほのかちゃんと周囲の
   子どもたちとの活動より ………………………………………… 145
4. 子どもたち同士の関係性の広がりに向けて ……………………… 147

第8章　重度・重複障がいのある子どもたちへの「合理的配慮」とは ― 149

1. 「障害者の権利に関する条約」と社会モデル ……………………… 150
2. 「障害者の権利に関する条約」と国内の動向 ……………………… 158
3. 重度・重複障がいのある人への「合理的配慮」とは
   ―重度・重複障がいのある本人及び家族に対する
   グループインタビュー調査より― ……………………………………… 162
4. 重度・重複障がいのある人をめぐる合理的配慮 ………………… 167

第9章　重度・重複障がいのある子どもたちの余暇活動 ― 193

1. 「障害者の権利に関する条約」と余暇活動 ………………………… 194
2. 重度・重複障がいのある子どもたちの余暇活動の充実に向けて …… 195
3. 重度・重複障がいのある子どもたちの野外活動に向けて ………… 201
◉ 地域での重度・重複障がいのある子どもたちも楽しめる
   活動プログラム ……………………………………………………………… 208

第10章　英国での重度・重複障がいのある子どもたちの人間関係の形成の取り組み ― 229

1. 英国のCommunity Schoolの取り組み ……………………………… 230
2. 通常学校における重度・重複障がいのある
   子どもたちとの関係形成 ………………………………………………… 234

おわりに

第1章

重度・重複障がいの基本的な概念について

日本において、重度・重複障がいとそれに近似する概念は、教育、医療、福祉の各領域によって使い分けられている。これらの概念は、相互に密接に関係する概念であるため、紹介する。

1. 「重度・重複障害」の概念

　「重度・重複障害」という概念は、主に、教育分野で使用されているものである。通常、学校教育法施行令22条の3に掲げられる「視覚障害者・聴覚障害者・知的障害者・肢体不自由者・病弱者」のうち、二つ以上に該当する場合を意味しているが、広義では、言語障害や情緒障害などを併せ有する場合も含めている。1975年の特殊教育の改善に関する調査研究会の「重度・重複障害児に対する学校教育の在り方について（報告）」によれば、「重度・重複障害」について次のように定義している。第一に「学校教育法施行令第22条の3に規定する障害を2つ以上併せ持つもの」、第二に「発達的側面から見て、精神発達の遅れが著しく、ほとんど言語をもたず、自他の意思の交換及び環境への適応が著しく困難であって、日常生活において常時介護を必要とする程度のもの」、第三に「行動的側面からみて、破壊的行動、多動行為、異常な習慣、自傷行為、自閉性、その他の問題行動が著しく、常時介護を必要とする者」である。1979年の養護学校義務制の同年に通学が困難な子どもを対象に訪問教育も実施されるようになったが、それに伴い、生活面での全面的介助を要する重度・重複障がいのある子どもが増加し、「障がいの重度・重複化」という傾向が伝えられるようになった。これらの傾向は、2007年に実施された特別支援教育の理念である「障がいの重度・重複化に対応した一人一人のニーズに応じた適切な指導及び必要な支援を行う」という理念にも受け継がれているといえる。

　尚、現行の「特別支援学校学習指導要領」においては、「重複障害」に

ついては、「複数の障害を併せ有する児童又は生徒（以下「重複障害者」）と示され、特別支援学校の「重複障害学級」の編成や教育課程に使用されている。

2. 「重症心身障害」の概念

「重症心身障害」という概念は、主に、行政及び福祉分野で使用されているものである。1967年の児童福祉法第四十三条の四において「重症心身障害児施設は、重度の知的障害及び重度の肢体不自由が重複している児童を入所させて、これを保護するとともに、治療及び日常生活の指導をすることを目的とする施設」と示されたことに伴い、施設の利用者が長年「重度心身障害児」の概念として定義されてきた。判定基準としては、縦軸に知的機能を5段階、横軸に運動機能を5段階とった「大島分類」（大島、1971）が用いられる場合が多いといわれる。

2014年に完全施行となった「障害者総合支援法」では、「生活介護事業」と児童福祉法による「児童発達支援」として、制度が変更となった（公財　日本重症心身福祉協会、2015、p.6）。この概念は、福祉サービスを受けるための行政的な概念であるといえるが、地域での支援のあり方についても、今後は検討が求められるだろう。

3. 超重症障害児（超重症児）の概念

近年の医療技術の進歩により、「重症心身障害児（者）」の概念を超えた「超重症障害児（超重症児）」の増加傾向が指摘されている（野崎・川住、2011）。

この概念は、継続的濃厚医療を基準とした「超重症児の判定基準」から成り立っている（厚生労働省、表1-1）。1996年から保険診療に超重症

児加算が付与されるようになってから、この概念が定着してきている。また、医療、介護の進歩に伴って、超重症児の判定基準は1996年以降、修正がなされている。厚生労働省（2010）によると、「各項目に規定する状態が6か月以上継続する場合、スコアを合算し、1の運動機能が座位までであり、かつ、2の判定スコアの合計点が25点以上の場合を超重症児（者）、10点以上25点未満である場合を準超重症児（者）とする。ただし、新生児集中治療室を退室した児であって当該治療室での状態が引き続き継続する患児については、当該状態が1か月以上継続する場合とする。ただし、新生児集中治療室又は新生児集中治療室を退室した後の症状増悪、又は新たな疾患の発生については、その後の状態が6か月以上継続する場合とする」としている。

　超重症児の成因としては、「NICU、新生児期から継続する先天性奇形症候群が大部分を占め、肺低形成、気管及び気管支軟化、気管支狭窄を合併しているケース」「脳性麻痺などの加齢や二次的合併症による変化や脳変性疾患などの病気の自然経過」「乳幼児期、小児期の低酸素性脳障害」があげられる（鈴木、2010）。

表1-1　超重症児の判定基準

		スコア
1. 運動機能：座位まで		
2. 判定スコア		
(1)	レスピレーター管理[*1]	10
(2)	気管内挿管・気管切開	8
(3)	鼻咽頭エアウェイ	5
(4)	O_2吸入または、SaO_2 90%以下の状態が10%以上	5
(5)	1回/時間以上の頻回の吸引	8
	6回/日以上の頻回の吸引	3
(6)	ネブライザー6回以上/日または継続使用	3
(7)	IVH	10
(8)	経口摂取（全介助）[*2]	3
	経管（経鼻・胃ろう含む）[*2]	5
(9)	腸ろう・腸管栄養[*2]	8
	持続注入ポンプ使用（腸ろう・腸管栄養時）	3
(10)	手術・服薬にても改善しない過緊張で、発汗による更衣と姿勢修正を3回以上/日	3
(11)	継続する透析（腹膜灌流を含む）	10
(12)	定期導尿（3回/日以上）[*3]	5
(13)	人工肛門	5
(14)	体位交換（全介助）。6回/日以上	3

出典：厚生労働省（2010）

*1　毎日行う機械的気道加圧を要するカフマシン・NIPPV・CPAPなどは、レスピレーター管理に含む。
*2　(8)(9)は経口摂取、経管、腸ろう、腸管栄養のいずれかを選択。
*3　人工膀胱を含む

4. 重度・重複障がいに近似する概念について

　ここまで、「重複障害」「重度・重複障害」「重症心身障害」「超重度障害児（超重症児）」の概念について検討してきたが、日本においては、これらの概念については、教育、医療、福祉の現場で使い分けがされている傾向がある。「重複障害」「重度・重複障害」は主として教育で用いられている用語であるが、「重度・重複障害」には、「超重度障害児（超重症児）」が「医療的ケアを要する幼児・児童・生徒」として内包されている。福祉の分野では「重度心身障害」とされ、「超重度障害児（超重症児）」が「医療的ケアを要する利用者」として内包されている。

　教育での「重度・重複障害」の概念は、教育課程の編成に用いられることが多い。また、「知的障害」「視覚障害」「聴覚障害」「発達障害」などのように障がいの傾向を把握することに用いられることもある。

　福祉での「重症心身障害」の概念は、施設の利用、在宅支援など福祉サービスの受給を目的としているといえる。認定は児童相談所などの行政機関が行う。

　医学的診断・評価の意味は、「なぜ、そのような状態になっているのか、医学的に治療は可能か」について考えること（江草、2001、pp.13-14）とされる。「重度・重複障害」や「重症心身障害」においては、成因として、低酸素症、仮死分娩、髄膜炎、染色体異常症、脳外傷後遺症などの基礎疾患より様々な合併症があり、それらの合併症から運動障害、コミュニケーション障害、呼吸障害、摂食障害、排泄障害などを引き起こしていると考える（江草、2001、pp.13-14）。

　教育、福祉、医療のそれぞれの現場において、同一の人を呼ぶにもかかわらず、教育の現場では、「幼児・児童・生徒」、福祉の現場では「利用者」、医療現場では、「患者」となる。「医学的に重篤で、病態がこれらの概念に適合していても、福祉行政的診断がなされなければ福祉サービ

スの対象とならない」場合もある（平元、2010、p.19）。

　このように重度・重複障がいという概念は、分野によって様々な捉え方がされているが、意思表出が微弱であり、医療行為を要するために関わる側が躊躇する場合や、医学的な管理やリハビリテーションが占める割合が日常生活の大半である場合が散見されるといえる。

　これまで述べてきたように、1975年の特殊教育の改善に関する調査研究会の「重度・重複障害児に対する学校教育の在り方について（報告）」では、教育的な概念として「重度・重複障害」の定義を行っている。この概念は、今から35年以上前の概念であり、医学の進歩による「超重症児」の存在があることや「超重症児」が特別支援学校や病院や医療型入所施設が存在し、病態の状況のために就学できない子どもたちのために病院に院内学級などが設置されていることを考慮すると「重度・重複障害」と「重度心身障害」は互いに重複する概念といえる。

　そこで、本書での「重度・重複障がいのある子どもたち」については、その概念検討に基づき、「言語、運動、認知、社会性などにおいて障がいを二つ以上併せ持ち、さらに言語によるコミュニケーションが困難で、身体面、行動面から日常生活において常時介助を要し（医療行為を要する人を含む）、社会における障壁が生じる可能性のある子どもたち」とする。

❖　引用・参考文献

江草安彦（2001）「重症心身障害児の診断と評価」『重症心身障害療育マニュアル』江草安彦監修、医歯薬出版、pp.13-14.
大島一良（1971）「重症心身障害の基本的問題」『公衆衛生』35（11）、pp.648-655.
公益財団法人　日本重症心身福祉協会（2015）（平成26年度厚生労働省障害者総合福祉推進事業在宅重症心身障害児者を支援するための人材育成プログラム開発事業）「在宅重症心身障害児者育成研修テキスト」、p.6.
厚生省（1966）「児童福祉法の一部を改正する法律の施行について」．
厚生労働省（2010）「基本診療料の施設基準等及びその届出に関する手続きの取扱い

について(通知)」保医発 0305 第 2 号.
鈴木文晴(2010)「重症心身障害の発生頻度と発生原因」『重症心身障害療育マニュアル第 2 版』江草安彦監修、医歯薬出版、pp.32-35.
特殊教育の改善に関する調査委員会(1975)「重度・重複障害に対する学校教育のありかたについて(報告)」.
野崎義和・川住隆一(2009)「超重症児(者)に関する療育・教育の研究動向およびその諸課題について」『東北大学大学院教育学研究科研究年報』第 58 巻第 1 号.
平元東(2010)「重症心身障害児の診断と評価」『重症心身障害療育マニュアル第 2 版』江草安彦監修、医歯薬出版、p.19.
文部省(1992)「盲学校、聾学校及び養護学校小学部・中学部学習指導要領」.
文部省(2002)「盲学校、聾学校及び養護学校小学部・中学部学習指導要領」.
文部科学省(2007)学校教育法施行令.
文部科学省(2009)「特別支援学校学習指導要領解説自立活動編(幼稚部・小学部・中学部・高等部)」pp.16-53.

第2章

重度・重複障がいのある子どもたちの生活と教育の歴史

これまで、重度・重複障がいのある子どもたちの人権は、医療、教育、福祉の対象外であるという時期が長らく続いた。本章においては、第二次世界大戦直後から今日に至るまでの重度・重複障がいのある子どもたちの生活や教育の歴史について、確認しておく。

1. 第二次世界大戦後の重度・重複障がいのある子どもたち

　重度・重複障がいのある子どもたちは、戦前の1886年の小学校令では、「就学猶予」の規定、1890年の第二次小学校令では、「就学免除」の規定がなされた。第二次世界大戦後も重度・重複障がいのある子どもの保護者は、猶予・免除を願い出て認めてもらう手続きがとられ、この措置は1979年の養護学校義務化まで長らく続いたとされる（村上、2003）。

　第二次世界大戦後の1946年に公布された日本国憲法においては、「個人の尊重と教育を受ける権利」について謳われているが、同年の「第一次米国教育使節団の報告書」では、障害児教育についての勧告も載っており、「通常の学校ではその者のもつ諸要求が適正妥当に満足されない者については、彼らのために分離された学級、または学校が用意されなければならない。その就学は、普通の強制就学法によって規定されなければならない」とされている（篠原、1989、p.152）。

　1953年には、文部省から「教育上特別な取扱いを要する児童生徒の判別基準」が通達され、知的な基準と将来の生産能力の獲得の可能性の有無によって、教育対象か教育対象外かが判別されていたのである（表2-1）。

表 2-1　教育上特別な取扱いを要する児童生徒の判別基準について

判別基準	教育的措置
1．きわめて長期にわたり病状が持続し、あるいはしばしば再発をくり返すもの。及び終生不治で機能障害が高度のもの。	就学免除を考慮する。
2．治療に長期間（2か年以上）を要するもの。	養護学校か特殊学級に入れて、教育を行い、治療を受けることが望ましい。
3．比較的短時間で治療の完了するもの。	特殊学級に入れて指導するか、または普通学級で特に留意して指導するのが望ましい。
4．約1か年で治療が完了するもの、またはこの間に運動機能の相当の自然改善、進歩が望まれるもの。	就学猶予を考慮する。

出典：文部省（1978）より作成

　戦後の教育対象となった子どもたちは、単一の障がいで、その程度も比較的軽く、身辺自立が可能な場合が多く、肢体不自由児施設の近隣の小中学校に設置された特殊学級において、教育が行われていた。

　その後、保護者の経済的負担から「公立養護学校特別措置法」が1956年に公布され、公立養護学校の設立に対して国からの補助が受けられるようになったが、依然として、重度・重複障がいのある子どもたちは、就学猶予・免除の措置がなされていたのである。

2.　子どもたちが学ぶ権利を

　一方、これまで「教育の対象外」とされた重度・重複障がいのある子どもたちの生存権や学習権を説く人々もいた。1946年に、滋賀県立近江

学園を創設した糸賀一雄は、「すべての人間は生まれた時から社会的存在なのだから、それが生きつづけているかぎり、力いっぱい生命を開花していくのである」と説き（糸賀、1965、p.298）、重度・重複障がいのある子どもたちの生命の尊さや発達保障について訴えた。糸賀の近江学園建築史「この子らに世の光を」には、重度・重複障がいのある子どもたちへの思いや施設建設を取り巻く周囲との葛藤が記されている。

糸賀と同様に、近江学園での実践に携わっていた田中昌人は、「障がいのある子どもたちが教育を受ける権利」を後に「発達保障論」として理論化する（田中、1980）。「発達保障論」は、「人間の全面的発達を設定し、発達心理学を軸とした科学的手続きと方法を採用する教育科学を構想した」（澤田、2007、pp.351-352）のである。1967年に結成された全国障害者問題研究会は、「発達保障論」と「科学的障害児教育論」を展開し、その実践に結び付けてきた。この研究会の参加者からは、「どんなに重い障害をうけているものであろうと、ヒトとして生まれて人間になっていく発達のみちすじと、その基本的なしくみはことなるものではない」「発達は権利である。発達は要求からはじまる。発達は教育によってきりひらかれる」といった声が発せられた（清水・三島、1972、pp.113-116）。このように、発達保障論は、「障がいのある子どもたちの教育機会の獲得に貢献し、集団との豊かなかかわりの中で学び育つことや、社会の中で暮らし働くことで発達していく権利を明らかにしていく」（岡、2004、p.100）のである。

1968年には、北九州市教育委員会による重度・重複障がいのある子どもの自宅訪問による指導が行われるようになり、1970年には、文部省は、訪問教育に関する研究指定校を指定した。その結果、各県において、在宅の重度・重複障がいの子どもたちへの訪問教育が実施されるようになった。

1971年には、中央教育審議会によって「養護学校義務制」の提言がな

され、文部省は、1972年を初年度として、特殊教育充実計画を策定した。特に養護学校については、「養護学校整備7年計画」を立て、対象となる学齢児童全員を就学させるため、養護学校の整備を図った。その結果、1979年に養護学校義務制が施行された。すべての子どもが教育権や発達を保証されるといった考え方は、長年、「就学猶予・免除」という形で教育の場から排除され、学校への通学を待ち望んでいた重度・重複障がいのある子どもたちにとっては、朗報であった。

　一方、「重い障がいがあってもすべての子どもたちが同じように学習する場が当たり前の社会である」という考えから普通学校への就学を希望していた子どもたちがいたのも事実である。

　養護学校義務制以降は、地域における子どもたち同士のつながりを維持するために、交流教育の推進が図られた。当時は、学校週5日制実施前であったため、学校間交流以外にも土曜日を中心に、子どもたちが居住する地域の学校との交流である居住地校交流が推進された。

　また、養護学校卒業後は、在宅又は施設という進路選択も多い時代であったため、将来のQOLや「親亡き後」をどのように過ごしていくかが、特に、重度・重複障がいのある子どもたちの生活上の課題であったことは記憶に新しい。

3.　重度・重複障がいのある人々による権利運動の展開

　当時、カリフォルニア大学バークレー校においては、障害者自立生活運動の先駆者であるエド・ロバーツ（Ed.Roberts）が在籍していた。彼自身もポリオ感染による後遺症により、車椅子移動で人工呼吸器をつける生活をしていた。学生寮にも入寮できなかったため、大学内の保健センターの一室を借りる生活を送っていた。後に、彼は、障がいのある学生のサポートセンターの設立に携わったのである。1972年には、バーク

レー市に、世界最初の障がいのある人々が「主体」となって運営する「自立生活センター」が設立される。自立生活センターを拠点とする自立生活運動は、権利擁護に焦点を当てていたが、社会における差別の解消を目的としていた。

この時代においては、「自立生活（independent living：IL）」について、重度・重複障がいのある人々を隔離や保護、依存から解放するために議論されてきた。日本で初めての自立生活センター（ILセンター）は1986年の東京のヒューマンケア協会の発足であり、アメリカのバークレーで自立生活プログラムを学んだ人々が、国内で自立生活センターを開設し、1991年には全国自立生活センター協議会が設立された（中西、2001、p.33-40）。

1990年代は、地域生活でも法整備が図られた。従来、地方公共団体で進められていたまちづくり条例の普及や、高齢者や障がいのある人が建築物を円滑に利用するための「ハートビル法」が1994年に制定された。また、高齢者、障がいのある人が公共交通機関を利用の際に円滑に利用するための「交通バリアフリー法」が2000年に、「身体障害者補助犬法」が2002年に制定された。「ハートビル法」と「交通バリアフリー法」を統合化した「高齢者、障害者等の移動等の円滑化の促進に関する法律」も2006年に制定された。

4. 障がいの概念の変遷

一方、障がいの概念に関する動向では、1980年に世界保健機関（WHO）は「国際障害分類（ICIDH: International Classification of Impairments, Disabilities, and Handicaps）」で疫病に関する現象をimpairments（機能障害）、disabilities（能力障害）、handicaps（社会的不利）の３つに規定した。

第2章 重度・重複障がいのある子どもたちの生活と教育の歴史

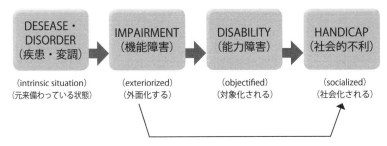

出典：WORLD HEALTH ORGANIZATION（1980, p.30）より筆者作成

図2-1　ICIDH（国際障害分類）におけるモデル

　疫病によって機能障害が生じ、それが能力障害や社会的不利を伴うというものである。特に重度・重複障がいのある人においては、理学療法、作業療法、言語療法等のリハビリテーションを出生後の障がいが判明した早期から実施することが重視され、「将来的な自立と社会参加」に向けて、本人がリハビリテーションに対する努力を行う傾向があった。

　小児神経科医である宮田（2006、p11）は、当時のことを次のように振り返る。

　「僕たちがやっている20年前の早期発見・早期療育、何か生まれてきたときに子どもたちに課題を与えて、そして障害の克服というようなことを要求しながら育てていく中で、彼らは本当に自信を持って世の中に立ち向かえる人として生きて行けるのかどうかと悩んでしまったのですね。そのときに、たまたま読んだ文献で、当時、東京大学のリハビリテーション科の教授だったウエダ先生という方が同じことを悩んでおられた。日本のリハビリテーションは、マイナスをゼロに近づける、そこに努力を集中してきた、それでいいのだろうかと。マイナスをゼロにというのは、障害をいかに普通に近づけるか、できないことをいかにできるようにしていくかということだけに力を注いできた。これからのリハビリテーションは、残された機能、そして彼のすぐれた部分をいかに伸ばすかという

ことに力を注ぐ時代ではないのかと。」

　この宮田のことばから読み取れるように、重度・重複障がいのある子どもたちは、「障がいの克服を要求されていた」様子がわかる。
　リハビリテーションのみならず、教育や療育についても同様の状況がみられ、重度・重複障がいのある子どもたちは、社会に適応するために日々、訓練を積み重ねていたのではないだろうか。

　2001年に世界保健機関（WHO）は「生活機能と障害の国際分類（ICF:International Classification of Functioning, Disability and Health）」と称する1980年の国際障害分類（ICIDH）の改訂を行った。主な改正点は、障害（impairments）に心理的な障害を入れ、能力低下（disability）のかわりに活動（activity）を主項目に追加し、背景因子として個人因子（personal factors）、環境因子（environmental factors）を入れ、活動に対して相互に関与することを示したことである。環境因子には、ユニバーサルデザイン、家族、友人、制度などがあげられる。個人因子には、年齢、性別、ライフスタイルなどがあげられる。
　例えば、居住地校交流を行っている小学校の運動会でのリレー競技に出場したいと考えている医療的ケアを必要とする肢体不自由のある児童がいたとする。ICIDHの考え方では、「小学校で実施されるリレー競技に出場することは、肢体不自由があるために、そもそも困難である」もしくは、「小学校のリレー競技に出場するために歩行に関連する訓練が必要であり、医療的ケアについては、保護者に同伴を求めて、実施してもらう必要がある」という発想に至ると予想される。また、居住地校の小学校自体が「安全面で、出場は困難である」と判断するかもしれない。

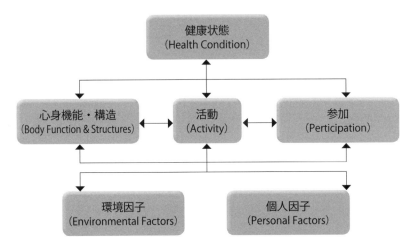

出典：厚生労働省（2002）「国際生活機能分類－国際障害分類改訂版－（日本語版）」より筆者が作成

図2-2　ICFの考え方

　それに対して、ICFの考え方では、学校間での打ち合わせ、リレー競技の工夫や砂埃などの実施環境の配慮、医療的ケアの実施が可能な看護師や教員の確保、保健室などの実施場所の確保を行うことで医療的ケアを必要とする肢体不自由のある児童が出場可能なように、環境を整える。環境的な要因によっても障がいがもたらされるという考え方である。
　岡田（2001、p.69）は、ICFへの改訂を「医学モデル」と「社会モデル」という図式を用いて、「『医学モデル』では、障がいを疫病や損傷から生じる『個人的な問題』としてとらえ、専門家による個別治療が提供され、個人のよりよい適応と行動の変化が目標となるが、『社会的モデル』では、障がいは『社会的な問題』として受け止められ、社会によって創りだされるものと考えられるため、障がいのある人が社会生活に参加できるように環境を改善することが社会の共同責任となる」と説明している。従来は、障がいのある人が社会に適応できるようなアプローチがなされていたが、この改訂によって、重度・重複障がいのある子どもたちの生活

や人権について社会全体で考える必要性が示されたのである。

　2007年度からは特殊教育から特別支援教育に転換された。従来の特殊教育においては、対象を視覚障害、聴覚障害、知的障害、病弱障害、肢体不自由及びその他の障害としていたが、特別支援教育では、対象を「特別な教育的ニーズのある子ども」に拡大し、発達障害のある子どもを含めた。

　特別支援教育では「個別の教育支援計画」「個別の指導計画」の策定と活用や教員の専門性の向上が求められている。特に、重度・重複障がいのある子どものように、複数の障害がある場合や日常的に医療的ケアを必要とする場合においては、様々な知見の活用が可能な高度な専門性が必要とされるだろう。

　また、2014年には、日本は障害者の権利に関する条約に批准し、重度・重複障がいのある子どもへの教育面や生活面での合理的配慮が求められるようになった。例えば、施設のバリアフリーやユニバーサルデザインなどの肢体不自由のある子どもに普遍的に用いることが可能な「基礎的環境整備」については、想定することが可能であるが、後述するように、個々の子どもたちへの「合理的配慮」については、個別性が高く、子どもたちの意向をくみとるには、人間関係の形成やコミュニケーションが不可欠になるだろう。

❖　引用・参考文献

WORLD HEALTH ORGANIZATION (1980) 'International Classification of Impairments, Disabilities, and Handicaps:A manual of classification relating to the consequences of disease'
糸賀一雄（1965）『この子らを世の光に』柏樹社、p.298.
岡幸江（2004）「福祉のまちづくりと社会教育：生の尊厳を支えるために」『新版　生涯学習と地域社会教育』春風社、p.100.
岡田喜篤（2001）「障害の概念と療育」『重症心身障害療育マニュアル』江草安彦監修、医歯薬出版、p.69.

岡村達雄（1980）「養護学校義務制度化をめぐる基本問題」『戦後特殊教育その構造と論理の批判：共生・共育の原理を求めて』日本臨床心理学会編、社会評論社.
厚生労働省（2002）「国際生活機能分類－国際障害分類改訂版－（日本語版）」.
澤田誠二（2007）「戦後教育思想としての発達保障論と『能力＝平等観』」『日本教育社会学会大会発表要旨集録』第59巻、pp.351-352.
篠原睦治（1980）「戦後特殊教育の出発と順応主義的『精神薄弱』観の形成過程」『戦後特殊教育その構造と論理の批判』日本臨床心理学会編、社会評論社、p.152.
清水寛用・三島敏男（1972）「全国障害者問題研究会（社会福祉の専門性をめぐって―専門団体の現状と課題―）」『社会福祉学』13巻、日本社会福祉学会編、pp.113-116.
高橋眞琴（2010）「コーホート別に分析した福祉教育の成人学習者像：障がいのある人との『関わり』の経験と障がい観の形成を中心として」『日本福祉教育・ボランティア学習学会研究紀要』VOL.15、pp.5-14.
田中昌人（1980）『人間科学の方法』青木書店.
中西正司（2001）「自立生活センターの誕生」『自立生活運動と障害文化：当事者からの福祉論』全国自立生活センター協議会編・発行、現代書館、pp33-40.
宮田広善（2006）「平成19年度第53回　近畿地区肢体不自由教育研究協議会報告集」p.11.
村上美奈子（2003）「障害児教育批判と養護学校の実際：養護学校のいまとこれからを問う」『東京大学大学院教育学研究科教育学研究室研究室紀要』第29号.
文部省（1978）『特殊教育百年史』.
文部科学省（2007）「学校教育法施行令」.

第3章

重度・重複障がいのある子どもたちの教育に関する研究動向
―子どもたちとのコミュニケーションやかかわりを中心として―

本章においては、重度・重複障がいのある子どもたちとの人間関係の形成について、検討を加える前に、これまで、子どもたちが受けてきた教育に関する研究動向について、概観していきたい。

1. 重度・重複障がいのある子どもたちに関わる教員の専門性

　重度・重複障がいのある子どもたちは、その基礎疾患より様々な合併症を併発しているといわれる。例えば、四肢・体幹の麻痺からの緊張、側湾、呼吸の制限、摂食・嚥下障害、感染症からの抵抗力の低下、感覚の過敏や鈍磨、コミュニケーションの困難などである。医療、理学療法、作業療法、言語療法、臨床心理、福祉といった諸機関とのかかわりは、乳幼児期から成人期まで一貫して必要であるとされている。

　一般的に、重度・重複障がいのある人の教育現場においては、これらの専門諸機関に所属する専門家の指導助言を教育活動に取り入れているケースがみられる（佐藤・高橋、2015）。例えば、理学療法士、作業療法士、言語療法士の配置がされていない教育機関で、本人の身体的な負担の軽減や家族の利便性のために、毎日実践する方が有効であろう口腔ケアなどについて、助言に沿って実践することは意義があると考えられる。しかし、助言を無媒介的に取り入れて、授業実践を行うということは、重度・重複障がいに関する教育観や教育方法論が確立していないと捉えられ、教育関係者の専門性を問われる場合もある。そこで、以下においては、まず重度・重複障がいのある児童・生徒が在籍する特別支援学校での「自立活動」及び「個別の教育支援計画」「個別の指導計画」の変遷の概略を把握し、重度・重複障がいのある人の教育の現場で取り入れられている方法論とその特徴を検討する。

2. 重度・重複障がいのある児童・生徒の「自立活動」と「個別の教育支援計画」に関連する文献的検討

　本節においては、特別支援学校での「自立活動」及び「個別の教育支援計画」「個別の指導計画」に関連する文献的検討を行うことで、重度・重複障がいのある子どもたちに対する教育の全体像について把握する。なぜなら、重度・重複障がいのある子どもたちの教育の基礎をなすものだからである。

（1）自立活動

　「障がいの状態を改善・克服するための指導」は、盲・聾・養護学校設置時から障がいのある幼児・児童・生徒の重要な指導内容だった。例えば、歩行訓練は「体育・機能訓練」として教科に位置づけるとともに、学校の教育活動全般にわたって、絶えず「機能訓練」を行わなければならない」ことが示された（文部省、1978、p.433）。1971年の学習指導要領の改訂で「障がいからくる様々な困難を克服して社会によりよく適応していくための資質を養うために特別の訓練等の指導が重要である」といった観点から「養護・訓練」という領域が各教科・道徳及び特別活動とは別に新設された。内容については心身の発達の諸側面を分類・整理するといった観点から、「心身の適応」「感覚機能の向上」「運動機能の向上」「意思の伝達」という四つの柱の本に12の項目がまとめられた。1989年の改訂では、1971年での「養護・訓練」の内容が抽象的であったことや、障がいの多様性に対応する観点から「身体の健康」「心理的適応」「環境の認知」「運動・動作」「意思の伝達」といった6つの柱のもとに18の項目が示された。

　その後、1998年教育課程審議会の答申で「養護・訓練」という名称は、「受身的な意味合いが強い」と受け止められることや、「障がいのある幼児・

児童・生徒の実態に応じた主体的かつ自立を目指した活動であるということ」を明確とするために名称が「自立活動」と見直されることとなった。区分についても「健康の保持」「心理的な安定」「環境の把握」「身体の動き」「コミュニケーション」という5つの柱のもとに22の項目が示された。

中央教育審議会（2007、p.133）は、「社会の変化や子どもの障害の重度・重複化、自閉症、LD（学習障害）、ADHD（注意欠陥多動性障害）等も含む多様な障害に応じた適切な指導を一層充実させるため、他者とのかかわり、他者の意図や感情の理解、自己理解と行動の調整、集団への参加、感覚や認知の特性への対応などに関することを内容の項目に盛り込む」「幼児・児童・生徒が活動しやすいよう、自ら環境を整えたり、必要に応じて周囲の人の支援を求めたりするような指導についても配慮することを明確にする」といった意見があげられ、現行の5つの柱（「健康の保持」「心理的な安定」「環境の把握」「身体の動き」「コミュニケーション」）以外にも、「自閉症、LD、ADHD等も含む多様な障がいに応じ、適切な指導を一層充実させるため、他者とのかかわり、他者の意図や感情の理解、自己理解、集団への参加、感覚と認知の特性への対応などに関することを内容の項目に盛り込み、現行の5区分に加え、新たな区分を設け、それぞれの区分と項目の関連を整理する」という方向性が示され、2009年の特別支援学校の学習指導要領の改訂で「人間関係の形成」という項目が自立活動に追加された。これらは、障がいのある子どもが将来的に地域で生活していく上で、「社会性」や「円滑な対人関係」を身につけることを目的としているともいえる（高橋、2011）。

これらの自立活動の6つの柱は、相互関連性があり、個別の指導計画に基づき、日常生活や学習活動全体を通じて、総合的に取り組むことが重要であるとされている。

第3章　重度・重複障がいのある子どもたちの教育に関する研究動向

Aさん

自立とは	思いを言葉でわかりやすく伝える。
生きる力とは	細やかな動作ができる。自分の気持ちのコントロールができる。

	健康の保持（i）	心理的な安定（ii）	人間関係の形成（iii）	環境の把握（iv）	身体の動き（v）	コミュニケーション（vi）
現在の様子	・季節の変わり目は体調をくずしやすい。	・不安になると、同じ言葉を繰り返す。	・特定の人に話す内容が決まっている。	・環境の変化に敏感である。	・左足内反。・右向き。・細かい手指の動きをする時は、手がぶれることがある。	・相手の言っていることは理解できる。・自分の意思を伝えるとき、相手にちゃんと伝わるまで一生懸命に話す。・2語文・3語文を話すことができる。

特に現在優先する目標として

指導目標　①自分の思いを相手に分かりやすく伝える。（ひらがなをはっきりと読む練習）
　　　　　②手指の操作性を高める。（握る・つまむなど）

	健康の保持（i）	心理的な安定（ii）	人間関係の形成（iii）	環境の把握（iv）	身体の動き（v）	コミュニケーション（vi）
自立活動の学習の目標		①今日の予定が書いてあるカードを読むことで、見通しを持って生活できる。	①誰にでも、基本的な挨拶（おはよう、こんにちは、さようなら、ありがとうなど）ができる。		②手指を動かす遊具を通して、集中力を養う。②ひらがなを書く練習をする。	①自分の思いを、文章で話す。

具体的な指導内容	・ひらがなのカードなど、目で見て分かりやすく、持ちやすい教材を、本人が両手で持って読み、裏を返すなどの手指の操作も取り入れる。また、できるだけ質問には文章で答えるように促す。	・曲線や点線のなぞり書きをし、力のいれ具合を体得してから、ひらがなを練習する。	・本人の興味のある遊具を用いて、つまむ、着る、混ぜる、皿にうつすなどの手指の動きを、集中して行う。

（備考）・目標が複数の場合には、各目標の文頭に、①、②と番号を付している。
　　　　・上記の場合は、「自立活動の学習の目標の文頭」にも①、②と番号を付している。
　　　　　（①は、①の目標に関連する内容、②は、②の目標に関連する内容）を示す。
　　　　・目標①の矢印は実線、目標②の矢印は破線で示している。

出典：文部科学省「特別支援学校学習指導要領自立活動編」（p.11）を参考に、筆者作成

 図3-1　自立活動の相互関連性を示すシート例

自立活動に関連した先行研究としては、以下のようなものがあげられる。

　鶴（2010、p.406）の「『自立活動学習内容要素表』を用いた自立活動の指導における具体的な指導内容の設定の在り方」では、「学習指導要領に示された6つの区分26項目に含まれる学習の要素を網羅した『自立活動学習内容要素表』を作成し、対象となる生徒の目標達成のために必要な学習要素のまとまりと学習内容を取り出し、それらを交互に関連付けて、5つの具体的な指導内容を設定し、指導を行った結果、立位や歩行といった運動動作や移動能力の改善だけでなく、共同注意や三項関係の形成の基礎など対人関係の深化にもつながり有効であった」としている。

　秋本（2008、p.546）は、「表計算ソフトを利用した排泄記録・分析シート」の活用として、重度・重複障がいのある児童・生徒の排泄に関して、表計算ソフトによって排泄記録用シートを作成し、記録の分析と指導へのフィードバックを行っているが、分析シートを利用したことで、「成功率や排泄の回数、時間帯ごとの排泄回数の変化等のデータの比較が簡単にできるようになり、児童・生徒の細かい排泄のタイミングの変化を早い段階で見つけ、対応と指導を適切に行うことで成果をあげることができた」としている。

　橋本他（2007、p.439）は、摂食・嚥下障害児に対する介助のタイミングについて研究を行っている。「嚥下時の喉頭挙上を視認してから次の一口を介助するといった適切な介助のタイミングが摂食・嚥下障害児の『むせ』に及ぼす影響」について述べている。

　斎藤他（2007、p.555）は、自立活動のコミュニケーションと環境の把握に焦点を当てて、コミュニケーションが困難な重複障害児のアセスメント研究を行っている。この研究では、特に学習において最も多くの情報を収集する視覚について焦点を当て、児童・生徒のニーズに配慮した

環境や教材の設定について問題提起している。佐々木・川間（2008、p.558）は、重度・重複障害児が学習場面において、「ポジショニングの工夫により、学習に対する集中力の向上と視覚探索と上肢の操作性の協調性を向上させることが可能である」と述べている。

　このような研究から、重度・重複障がいのある児童・生徒が在籍する特別支援学校においては、「教員の指導・支援の仕方が児童・生徒の障がいや機能改善に影響する」といった考察が得られている傾向があるといえよう。

(2) 一人一人の教育的ニーズに基づく「個別の教育支援計画」「個別の指導計画」

　「個別の教育支援計画」「個別の指導計画」は、特殊教育から特別支援教育体制に移行する際に、特別支援教育の重要なツールとして位置づけられてきたものである。

　2005年の文部科学省の「特別支援教育を推進するための制度の在り方について（答申）」では、「個別の教育支援計画」を「障害のある幼児児童生徒の一人一人のニーズを正確に把握し、教育の視点から適切に対応していくという考えの下、長期的な視点で乳幼児期から学校卒業後までを通じて一貫して的確な支援を行うことを目的として策定されるもので、教育のみならず、福祉、医療、労働等の様々な側面からの取組を含め関係機関、関係部局の密接な連携協力を確保することが不可欠であり、教育的支援を行うに当たり活用することが意図される計画」としている。これらの「個別の教育支援計画」と「個別の指導計画」の策定や書式は、定められている地域もあれば、各特別支援学校に委ねられている場合もあるのが現状である。

　福祉分野においても、「個別の支援計画」というものが作成されているが、特に教育関係機関で作成されるものが「個別の教育支援計画」と呼

ばれる。

　ここで言及されている「一人一人の教育的ニーズ」がどのようなものであるか検討する。2000年の「21世紀の特殊教育の在り方について～一人一人の教育的ニーズに応じた特別な支援の在り方について～」（最終報告）において、「一人一人の能力を最大限に伸ばし、自立や社会参加するための基盤となる『生きる力』を培うため、障害のある児童生徒の視点に立って児童生徒の教育的ニーズを把握する」とされていることを考慮すれば、教育関係者が、「障がいのある子どもの将来に向けた願いや現在の想いに沿って、子どもの実態を把握し、その実態に応じて自立や社会参加に向けてどのような力が必要かを検討し、その力をつけるためにどのような教育目標が必要かを検討し、その目標に沿って、教育実践を行い評価する」ことと捉えることができる。

　そして、これらの教育実践は、一連のPlan（計画）→ Do（実行）→ Check（評価）→ Act（改善）のPDCAサイクルで行うことで、常に実践について省察を加えることが推奨されている。また、特に、重度・重複障がいのある子どもの場合、チームや複数の視点で実践を検討することの重要性が示唆されている。これらは、子どもの発する微弱なサインや言語などの意味理解を客観的に判断することや複数の視点で共有するためともいえる。

　「個別の指導計画」は、重度・重複障がいの子どもたちが通学する「特別支援学校学習指導要領」（文部科学省、2009）で定められているもので、個別の教育支援計画の内容に基づいて、具体的に一人一人のニーズに応じた指導目標、内容、方法についてまとめられたものである。学習指導要領の中にも、「個に応じた指導を充実するため、個別の指導計画に基づき指導方法や指導体制の工夫改善に努めること。その際、児童又は生徒の障害の状態や学習の進度等を考慮して、個別指導を重視するとともに、授業形態や集団の構成の工夫、それぞれの教師の専門性を生かした協力

的な指導などにより、学習活動が効果的に行われるようにすること」と述べられている。学習指導要領の文中に「個別指導を重視するとともに」と述べられていることからも、「障がいの改善と克服」「自立と社会参加」に向けて、子どもたち一人ひとりに応じたきめ細やかな指導が重視されているといえる。

　このような「個別の教育支援計画」や「個別の指導計画」の作成を通して、「障がいのある子どもが地域で生涯にわたってよりよく生活する」という本来の趣旨を考慮し、今後の課題について検討を行った研究がある。成田・田中（2008、p.371）は、個別の指導計画作成システムとして、「当事者間の情報共有や指導の継続性の促進のために、医療・教育・福祉の関係機関が関与できるサーバー上のネットワークシステム」について検討している。城間・緒方（2011）は、障がいのある子どもの継続的な情報の共有化を図る支援システムの構築の必要性から、移行期における課題の把握や「個別の教育支援計画」「個別の指導計画」の作成に活用されることを目的としたツールであるサポートノート「えいぶる」の試案を作成したが、サポートノートについては、関係機関や保護者への周知を課題として示唆している。三原・衛藤（2009、p.503）は、個別の教育支援計画策定時に利用可能な地域サービスについて、大分県内の人口規模の異なる2つの自治体のエリアデータを比較したが、人口規模の少ない市の方が同じサービスでも提供されている数が少ないため、選択肢が限られていることを指摘している。

　特に、重度・重複障がいのある子どもたちの継続した支援を考えると、特別支援教育コーディネーターは、教育職であるが、心理職や福祉職に近い専門性も必要だということも理解できる。

　2007年の特別支援教育の実施から9年が経過したが、個別の教育支援計画や個別の指導計画については、学校教育での実践上のツールとしては、定着しつつあるが、地域との連携や支援のツールとしては、課題が

浮かびあがっている現状があるといえる。

　また、2014年に批准された障害者の権利に関する条約での「合理的配慮」の項目について、中央教育審議会（2016）によると「『合理的配慮』は、一人一人の障害の状態や教育的ニーズ等に応じて決定されるものであり、その検討の前提として、各学校の設置者及び学校は、興味・関心、学習上又は生活上の困難、健康状態等の当該幼児児童生徒の状態把握を行う必要がある。これを踏まえて、設置者及び学校と本人及び保護者により、個別の教育支援計画を作成する中で、発達段階を考慮しつつ、「合理的配慮」の観点を踏まえ、「合理的配慮」について可能な限り合意形成を図った上で決定し、提供されることが望ましく、その内容を個別の教育支援計画に明記することが望ましい。また、個別の指導計画にも活用されることが望ましい。」とされている。

　以下の章においても述べるが、今後は、重度・重複障がいのある子どもたちの「合理的配慮」について、本人の意思を確認しながらどのように、個別の教育支援計画に明記し、どのように個別の指導計画において活用していくかが課題となってくるだろう。

3. 重度・重複障がいのある子どもたちの教育で活用されている方法論と関連する文献的検討

　本節においては、特別支援学校をはじめとする重度・重複障がいのある子どもたちの教育で活用されている方法論とそれらに関連する文献を参照することで、それぞれの方法論の視点を整理していきたい。

（1）動作法

　動作法は、成瀬（1973）によって開発された独自の指導技法である。動作訓練法と呼ばれる個別の指導を中核とした、集団面接、グループレ

クリエーションなどの総合的なプログラムが心理リハビリテーションと呼ばれている。

　この研究は、脳性麻痺のある子どもの動作不自由に対する研究から端を発しており、「脳性麻痺のある子どもの強い突っ張りが、睡眠状態の自助努力で比較的容易に弛緩できることが確認された」ことから、通常の覚醒状態で開発を試みることになった。研究は、動作の遂行に関係する心理的な因子の発見、学習条件の検討、学習場面の援助・指導の方法の実践、不自由の変容に伴う学習内容の分析などから臨床的な探索も行われた。その結果、人の動作能力の開発を意図した独特な技法と動作理論が作りだされた」（大野、2003、p.6）とされる。

　成瀬（1973）は、意識的、無意識的であっても本人の意思を「意図」とし、その意図を実現させようと「努力」した結果、自発的に身体運動が生起することを「動作」と呼び、「意図」→「努力」→「動作」のプロセスを説いている。つまり、「何かものを取りたいと本人が意図した際に、ものをとるために努力した結果、手を延ばすといった動作が生じ、ものをとることができる」といった考え方である。

　この訓練法は、「身体各部位の不当緊張を自己弛緩させる弛緩動作課題、適切な緊張と弛緩のバランスを細かく調整する単位動作課題、全身的に適切な緊張と弛緩のバランスを調整し、適切な緊張の仕方を学習する座位、立位、歩行、書字動作、発声、発語動作などからなる基本動作課題」から構成されている（大野、2003、p.7）。この理論は、特別支援学校での「自立活動」の「身体の動き」の領域で主に取り組まれているが、「健康の保持」「心理的な安定」「環境の把握」「コミュニケーション」「人間関係の形成」とも相互関連性があるといわれている。

　足立（2010、p.73）は、大学の「公開講座」の一環で、臨床動作法キャンプを開催しているが、キャンプ全体を通した参加者からの感想から「様々な人との関わりがあり、子どもの表情の変化が見られた。また子ど

もも自分が表現したいことを何とか人に伝えようとすることが増えたように感じた」「係の活動を通して、先生方や学生とのコミュニケーションが促進された」と述べている。臨床動作法は、トレーナー（臨床動作法を行う側）とトレーニー（重度・重複障がいのある子どもたち）との身体を介したコミュニケーションや関係形成といえるが、この方法論をキャンプといった集団で行うことで、トレーナー、トレーニー二者間のコミュニケーションとグループ・集団間のコミュニケーションが存在することとなる。

　ただし、「臨床動作法」の手技自体が、「身体を介する」という点で、重度・重複障がいのある子どもたちの股関節脱臼や側彎などの骨格に対する配慮やてんかん発作などの病理・生理に対する配慮を要するため、特別支援学校の教員をはじめとする「研修を積んだ」支援者がトレーナーを行うことが多く、臨床動作法のキャンプ自体もグループ分け、トレーナーとトレーニーのマッチング、キャンプ期間中の役割分担やサブトレーナー（トレーナーや効果測定の補助者など）などの選定などは、綿密かつ計画的に行われている。古賀（1995、pp.13-21）は、臨床動作法における訓練者の力量の評価尺度を作成しているが、尺度を作成するにあたって個々のトレーナーの働きかけが子どもの発達に及ぼす影響やトレーナーの技能や感受性を課題としてあげている。

　野口（2005、pp.133-144）は、動作法訓練での効果を最大に引き出すためには、子どもが置かれている訓練環境が重要であるとし、長期にわたり訓練会に参加している事例を検討している。

　この事例の検討では、子どもが幼い時から他者との（動作法を介した）やりとりを経験することや、子どもが継続した訓練を維持するためには保護者の強い意思や目的意識が必要であるとしている。高橋（2008、pp.231-240）は、重度の知的障がいと運動障がいがある子どもに動作法を適用した結果、「日常行為での身体の気づきが高まる」「周囲への注意が

変化する」「試行的な動きが生じる」「情緒不安定さが軽減する」といったプロセスが捉えられたとしている。

動作法は、重度・重複障がいのある子どもたちの身体的機能の改善や発達を促す心理リハビリテーション的な方法論であると理解できる。

(2) 感覚統合法

南カリフォルニア大学のエアーズの研究から構築されてきた理論で、1968年に、作業療法士であったエアーズが「感覚統合過程と神経心理学的学習障害」に関する論文を発表したことから、1970年前半に感覚統合という概念が一般化された（坂本、1997、p.32）。日本にも紹介され、感覚統合理論の方法論は、教育的支援に示唆を与えた。

坂本（1997、p.34）によると、感覚統合理論は以下のように集約される。第一に、「感覚運動の発達について、脳中枢機能、特に、脳幹の重要性と感覚間モダニティについての仮説的検証をしたこと」、第二に、「感覚統合検査を初め、回転後眼振検査などから導き出した感覚不統合性について、因子分析に基づく類型化を行ったこと」、第三に、「感覚統合理論を治療法として展開し、診断－治療体系を創設したこと」である。

また、坂本（1997、pp.38-39）は、教育的支援においては、「第一に、大脳皮質下のレベルに働きかける指導が必要である。脳幹が十分に成熟しないと認知機能の基礎はできないため、教科の学習に先だって感覚運動の発達的指導を行い、子どもの学習指導の基礎を培う」「第二に、三次元的な運動活動が重要であり、発達に障がいを持つ子どもたちが前庭系や固有覚系の統合に問題を示していることから、ボルスター（木馬）やハンモックなどの揺れ遊具を用いた三次元的な遊びを行うことで、前庭―固有覚系と視覚系の情報の統合的処理が促され、脳の感覚統合能力が高まる」「第三に、エアーズが『感覚統合というアプローチが他の治療法と異なるのは、特別な技能を教えるのではなく、脳の力を高めるもので

ある』と述べているように、子どもの障がいの改善を直接目標として、感覚統合を利用するのではなく、子どもたちに多くの感覚―知覚指導の入り口があることを再認識して、指導を再構築することにこの理論を生かすべきである」(坂本、1997、p.40)という3つの視点について示唆している。重度・重複障がいのある子どもたちの感覚面に関連する研究には、以下の内容などがある。

古川・李(1997)は、養護学校の中学部に在籍する、ことばがなく自傷行為の激しい生徒との感覚統合的な関わりを述べているが、ハンモックの揺れや森の中のたき火によって、落ち着きや問題行動の減少が見られたとしている。

有川他(2006)は、現在の日本の感覚統合法の研究においては、症例集積研究と症例報告が中心であることや、エヴィデンスの蓄積が望まれることを示唆している。伊藤他(2006)は、ホーススイングを用いて健常児・者に対して姿勢反応実験を行っているが、姿勢が不安定な被験者は頭部の角度保持が不安定であり、健常児・者と障がい児・者との比較検討実験を行った上で、姿勢反応の評価及び感覚統合訓練の効果測定に必要な指標の作成を検討した。奥田・山田(2004、p.213)は、身体運動の発達と感覚情報の統合過程を検討しているが、「『支え歩き』『つたい歩き』『一人歩き』といった初期の移動運動に関する運動発達は、感覚情報の統合過程と関連しており、知覚能力の発達に運動能力の発達や身体性が重要な役割を果たしている」としている。

感覚統合法は、主として療育センターや発達支援センターにおいて、国家資格のある理学療法士が取り組んでいる医学的な手法であるが、古川・李(1997)の研究にみられるように、養護学校(特別支援学校)においても、「感覚」といった学習名称がつけられ、感覚遊具や触覚、嗅覚、聴覚、視覚、味覚などを促す教材を用いることで指導に取り入れられている。人間の有する五感を用いた様々な活動を通して、重度・重複障

いのある子どもたちと周囲の人が相互のコミュニケーションを促進する可能性が考えられる。

(3) ムーブメント教育・療法

　ムーブメント教育・療法は、アメリカのマリアンヌ・フロスティッグを中心として構築された理論で、「言語遅滞、運動障害、微細脳機能障害に伴う感覚―運動、近くの歪みの矯正を基礎として、子どもの運動パターンとスキルや運動属性や身体意識、ラテラリティや方向性を発達させるための教育・療法であり、中心的な目的を健康と幸福感を高め、感覚―運動の諸機能や自己意識を発展させること」としている（フロスティッグ、2007）。運動や遊び、ゲームが中心となっており、運動面だけではなく、教育・療法プログラムといえる。

　小林が1983年に「フロスティッグ教育治療実技研修」を日本で開催して以来、ムーブメント教育・療法は、教育、保育の実践で活用されている。この教育・療法は、「指導者中心の訓練的活動とは異なり、遊び的要素やファンタジーの要素を持った子ども中心の活動であり、個々のニーズに合った適切な環境を設定することを重要視している」（小林・大橋、2010）のである。遊具や教材の工夫により、参加者の自発的で自然な動きを促すことを重視しており、かつ参加者が楽しめる環境設定を重視しており、10種類以上の教具が用いられている。

　古川・小林（2008, p.574）は、重度・重複障がいのある子どもたちの発達支援としてのムーブメント教育・療法の活用について、専門機関の他に家庭や地域でも楽しく気軽に長期的間の継続した取り組みが可能であることや18年間継続してムーブメントに取り組んだ結果、感覚運動面において年齢に沿った発達が認められた重度・重複障がいのある女性も存在することを示唆している。

　ムーブメント教育・療法は、全人的な子どもの発達を支援するととも

に、保護者や教育・療育関係者や地域の人々も活動に多く参加している。大崎・新井（2008）は、重度・重複障がいのある子どもたちへの家族参加型ムーブメント教室の成果について述べ、継続的に参加していく中で、子育てへの意欲が向上したことや子どもの成長をポジティヴに捉えるようになった保護者への効果について述べている。藤田（2010、p.13）は、4人の成人重症心身障がいのある成人に対してムーブメント教育プログラムを3年間実施し、効果測定を行った。その結果、「重症心身障がいのある成人の場合、姿勢、移動、操作、コミュニケーション領域とも発達のばらつきが見られ、発達のパターンは個人により非常に多様であることが明らかになった」としている。

このように、このムーブメント教育・療法は、発達支援や療育活動の視点と共に、「障がいのある人々と周囲の人々との地域での共生」という視点をもった活動であると捉えることができる。

(4) インリアル・アプローチ

インリアルは、INREAL（Inter Reactive Learning and Communication）と呼ばれるコミュニケーション・アプローチであり、1974年にコロラド大学のリタ・ワイズと、エリザベス・ヒューブレンによって、就学前のことばの遅れのある子どもへのコミュニケーション・アプローチとして始まった。

日本におけるインリアル・アプローチを提唱している里見（2005、p.2）によると、「インリアルは、ことばのない段階から会話期までのコミュニケーション・アプローチを考え、コミュニケーションでの子どもと大人の両者の相互作用に焦点を当て、ビデオ分析といった手法を使い、相互作用の中での関係性を変えていくことで、コミュニケーションを改善していくことを目的としている」とする。

また、里見（2005、p.4）は、このアプローチでの関わりの基本姿勢

に、「Silence（静かに見守ること）、Observation（よく観察すること）、Understanding（深く理解すること）、Listening（心から耳を傾けること）」の重要さを示唆する。また、このアプローチにおいては、重度・重複障がいのある子どもたちへの関わり手がする反応の具体的な方法として、「ミラリング（子どもの行動をそのまままねる）、モニタリング（子どもの音声やことばをそのまままねる）、パラレル・トーク（子どもの行動や気持ちを言語化する）、セルフ・トーク（大人の行動や気持ちを言語化する）、リフレクティング（子どもの言い誤りを正しく言い直して聞かせる）、エキスパンション（子どものことばを意味的、文法的に広げて返す）、モデリング（子どもの使うべきことばのモデルを示す）」といった言語心理学的技法をあげている（里見、2005、p.5）。

　特別支援学校の自立活動においては、このインリアル・アプローチは、コミュニケーションの領域において用いられ、重度・重複障がいのある子どもたちに対する教員の支援が適切かどうかをビデオ分析し、教員同士で支援を評価しあう目的で使用されるケースが多い。

　里見（1993、p.72）は、発達が6か月未満の重度・重複障がいのある子どもへの快反応の得られる感覚刺激とサイン出現までの事例について検討を加え、学校教育の中で、コミュニケーション指導が位置づけられる必要性と教師の資質向上の必要性について述べている。坂口（1994）は、インリアル・アプローチを応用しながら、特別支援学校の小学部高学年の重度・重複障がいのある子どものグループを担当する複数の教員で、個別のコミュニケーション指導場面をVTR分析していくという試みを行ったところ、コミュニケーション評価・目標設定については、教員1人で行うよりも複数の教員で行ったほうが明確となり、全教員で、子どものコミュニケーションにおけるねらいを確認することで、子どもへの関わりが明確となったとしている。

　重度・重複障がいのある子どもと母親との関係形成や言語発達を促す

基盤として、地域の子育て支援講座等でもこのアプローチは紹介されており、このアプローチでの基本姿勢は、重度・重複障がいのある子どもたちの意思表示を読み取る上で重要な視点であると考えられる。

(5) 拡大・代替コミュニケーション、意思伝達装置

拡大・代替コミュニケーションシステム（AAC：Augmentative and Alternative Communication、以下 AAC）は、特に、障がいのある人がコミュニケーションを向上するために使用する構成要素の総称であり、記号（symbols）、援助機器（aids）、技術（techniques）、方略（Strategies）があげられる。記号は、「一般的な諸概念に対する視覚・聴覚・触覚的表示」であり、「援助つき（aided）」と「援助なし（unaided）」に分けられ、「援助つき」には、実物、絵、写真、点字などが、「援助なし」には、「ジェスチャー」「サイン」「音声言語」があげられる。援助機器には、コミュニケーションボード、機械的・電子的装置（トーキングエイド、コンピューターなど）があげられる。選択技術とは、メッセージを伝達する際に使用する方法であり、「指差し」「ものに触れる」「視線」などがあげられる。方略は、AAC援助機器、記号、選択技術をどのように使用するか特定する方法である（以上、AmericanSpeech-Language-Hearing Association[ASHA] 1991、p.10）。

電子技術が急速に発展している今日、様々な AAC の開発が目覚ましく、言語での意思表示が困難な重度・重複障がいのある人にとっては、スイッチ操作で録音したメッセージを再生する携帯用会話補助装置（VOCA:Voice Output Communication Aid）や、登録または録音された日常会話文を合成音声で再生することで、日常的な会話にも使える機能を備えた意思伝達装置などが教育現場や地域社会でも用いられることが多くなっている。

情報技術が進歩した今日、重度・重複障がいのある人に対する様々な

意思伝達装置が開発されている。伊藤他（2000）は、眼球運動を利用した視線入力によるコミュニケーション装置の開発を試みている。例えば、筋ジストロフィーの子どもたちでは、病状の進行に伴い四肢が動かなくなり、スイッチ操作に眼球の動きを利用せざるを得ないケースもある。上下左右への眼球の動きや目の開閉だけではなく、直接的な視線方向での入力装置を開発した。当該研究においては、眼球の運動を随意に制御できれば、視線入力方式だけで文章作成が可能であるという結果が得られている。

　下川・小澤（2000、pp.77-84）は、四肢体幹機能障がいで人工呼吸器を使用し、強度の視力障がいも併存する重度・重複障がいのある子どもの学習に、身体の一部をわずかに動かすだけで、文字をパソコンに入力することができる意思伝達装置を用いた学習を行った。文書作成と入力の学習を通じて、操作法は、学ぶようになったが、文書作成の際、様々な生活経験の不足からくる問題点が明らかになったとしている。

　伊藤・伊福部（2005、pp.527-535）は、重度・重複障がいのある人を対象に視線を利用した意思伝達システム（視線入力式文字入力装置・環境制御装置）のコストダウンを図ったシステムを開発した。ビデオキャプチャした画像をソフトウェア的に処理することで、視線検出を行ったが、ノートパソコンの使用も可能であるため、システムのコンパクト化も実現している。

　奥・高見他（2006）は、重度・重複障がいのある子どもたちが用いるコミュニケーションエイド（意思伝達装置）において、分割文字盤と付加文字盤による文字選択方式を提案し、意思伝達装置の試作も行った。

　また、最近では、機能的磁気共鳴画像装置（fMRI）を用いて、記憶と関連した脳の部位や脳の活動性が特定できることから、音声言語でのコミュニケーションが困難な重度・重複障がいのある子どもたちへの応用について話題となっている神経回路の解明も急速に行われつつある。

このように、音声言語での伝達が困難な重度・重複障がいのある人にとってのコミュニケーション機器として、VOCAや意思伝達装置は、他者に音声言語で自分の意思を伝達する上で有用な役割を果たしているといえる。例えば、文書で自分の意思を伝えることや電気機器の操作などを可能とすることで、自分の意思を思うように伝えられず自暴自棄になっていた重度・重複障がいのある子どもがこれらの機器を用いることで普段の生活を取り戻したといった事例もあるが、これらの機器の操作には一定の認知力と機械操作に対する本人の意欲も必要とされるだろう。

　重度・重複障がいのある子どもの家族においても、「子どもの意思の確認が困難である」「子どもとのコミュニケーションが困難である」と捉え、言語発達やコミュニケーションの発達を促す努力をしている現状がある。このような重度・重複障がいのある子どもたちとのコミュニケーションの困難さは、関係形成を促進する上での阻害要因となっているといえる。文字盤やマカトン、サイン、シンボルなど、子どもたちの周囲の人々でも使用可能な非言語コミュニケーションツールがいくつかあるため、「知識の伝達」だけではなく、本人が同伴した状態で、本人が希望する非言語コミュニケーションツールを用いることが重要であろう。また、ツールを使用しなくても、本人と活動を共にする体験を積み重ねることで、本人の意思の読み取りは、ある面においては、可能であろう。

4.　重度・重複障がいのある子どもたちの社会的相互作用に関する研究

　次に、重度・重複障がいのある子どもたちの社会的相互作用に関する研究を取り上げる。「社会的相互作用」とは、状況や文脈上、他者が意味しているものを解釈し、それに対して反応する行為であるといえる。重度・重複障がいのある人の教育現場では、理論的に取り上げられることは少ないといえるが、一般的に「やりとり」と呼ばれるものに類する。

重度・重複障がいのある子どもたちの特性として、音声言語でのコミュニケーションの困難があげられる。そのため、非言語的な社会的相互作用についての研究が見られる。

　徳永（2009、pp.80-87）は、乳幼児の発達研究を手がかりに、発達段階初期にある重度・重複障がいのある子どもがどのように自己、他者、対象物への関わりを発達させていくかのモデルを検討している。そこでは、自分と他者、対象物の区別のない「混沌とした世界」、自分と自分以外の出来事の区別が成立し、自分の出来事がゆるやかに分化していく「自己・他者・物のゆるやかな分化」、ゆるやかな自分と自分以外との区別の中で、物とは異なる他者である大人が区別される「刺激的な他者（二項関係の成立）」、自分で自分のからだを動かすことに専念する段階である「自分の身体の操作」、操作の対象が自分の身体から外的な対象である物に移行する「物の操作」、物を介して他者とかかわり始める「初期の三項関係」、他者の意図や思いがあることに気づく「他者意図の理解」の7つの段階があるとする。この徳永の示す「段階」は、重度・重複障がいのある子どもの生活年齢に依拠しない普遍的な発達段階のモデルを示しているともいえる。また、重度・重複障がいのある子どもに対して、音とのかかわり、人とのかかわりを促していった研究もある（中村・川住、2006）。川住（1997）は、ウィリアム症候群の子どもを対象に、「生活音を聞く」「楽器を操作する」「身体接触をしながら人の声を聞く」などの活動を行ったが、身体接触を伴った状況では、人の声に対して音楽とは異なる様子が見られたとしている。

　重度・重複障がいのある子どもと母親との社会的相互交渉に関する研究もある。中村・川住（2008、p.412）は、発声が乳幼児と母親の相互関係を形成することを前提として、物を介した音の表出行動についても、「物への探索・操作としての側面と、音による周囲への自分の意思の伝達としての側面がある」ことを示唆している。

一方、重度・重複障がいのある子どもと母親との社会的相互交渉が母子の一体化や相互依存的な関係をもたらすという考え方もある。藤原（2002）は、重度・重複障がいのある子どもの母親は、子どもの障がいを受容し、寄り添って生きていくことにアイデンティティを見出しているとする。また、中川（2003）は、重度・重複障がいのある子どもの母親は、周囲の役割期待を認知し、自分を納得させ、自己犠牲を払いながら子どもと一体化していくとしている。

　重度・重複障がいのある人との社会的相互作用は、障がいのある人と直接に関わることで初めて生まれるものであり、音声言語に拠らない部分が多いため、関わる側にとっては、表情や身体の動きの読み取りなどのセンシビリティが必要である。そして、このような行為が重度・重複障がいのある人との関係形成との基盤になると考えられる。
重度・重複障がいのある子どもたちの支援は、家族や支援者が中心的に担っている現状もあり、重度・重複障がいのある子どもたちとの人間関係を促進するためにも、社会的相互作用に関する研究は、今後、充実していく必要があると考えられる。

❖　引用・参考文献

AmericanSpeech-Language-HearingAssociation [ASHA]（1991）. Report :Augmentative and Alternative Communication *Asha,33*　（Suppl.5）p.10.
秋本公志（2008）「表計算ソフトを利用した排泄記録・分析シートの活用：重度重複障害児の排泄指導の効果を高めるために」『日本特殊教育学会第46回大会発表論文集』p.546.
足立匡基（2010）「大阪大学公開講座2010年度動作法キャンプの評価と今後の課題」『大阪大学教育学年報』第16号 p.73.
有川真弓・繁田雅弘・山田孝（2006）「わが国の感覚統合療法効果研究の現状：文献のシステマティックレビュー」『日本保健科学学会誌9巻3号』、pp.170-177.
飯野雅彦（2003）「本人支援を求めて：私のあるいてきた道」『発達障害研究』25巻3号、pp.165-174.
伊藤和幸・数藤康雄・伊福部達（2000）「重度肢体不自由者向けの視線入力式コミュ

ニケーション装置」『電子情報通信学会論文誌. D-I, 情報・システム, I-情報処理 J83-D-I（5）、pp.495-503.
伊藤和幸・伊福部達（2005）「ビデオキャプチャ画像処理による視線検出及び意思伝達装置への応用」『電子情報通信学会論文誌. D-I, 情報・システム, I-情報処理』J88-D-I（2）、pp.527-535.
伊藤祐子・井上薫・三浦香織・山田孝・品川俊人・米田隆志（2006）「発達障害児の平衡反応に対する評価・支援システムの開発：感覚統合の視点から」『日本保健科学学会誌』9号3巻、pp.164-169.
江草安彦（2001）「重症心身障害児の診断と評価」『重症心身障害療育マニュアル』江草安彦監修、医歯薬出版、pp.13-14.
大崎恵子・新井良保（2008）「家族支援に生かしたムーブメント法の活用事例：17年間に渡るMEPA-Ⅱの記録を通して」『児童研究87』pp.21-29.
大野清志（2003）「動作法概説」『動作法ハンドブック』大野清志・村田繁編、慶応義塾大学出版会、pp.5-15.
岡村達雄（1980）「養護学校義務制度化をめぐる基本問題」『戦後特殊教育その構造と論理の批判』日本臨床心理学会編、社会評論社、p.13.
奥秀久・髙見正利・黒田大治郎・糟谷佐紀・則定学・中村内彦・河合俊宏・山本智子（2006）「意思伝達装置の文字選択効率改善に関する研究：高使用頻度文字を追加した付加文字盤の効果について」『神戸学院総合リハビリテーション研究』第1巻第1号、pp. 113-122.
奥田援志、山田裕二（2004）「幼児の身体的不器用さ：初期の運動発達は，幼児期の感覚情報の統合過程と関連するのか」『日本体育学会大会号』55号、p.213.
角田泰作（2001）「教育機関との連携―養護学校を中心に―」『重症心身障害療育マニュアル』江草安彦監修、医歯薬出版、p.263.
川住隆一（1997）「片耳の難聴を指摘されている―重複障害児の『音との係わり』と『人との係わり』：「音との係わり」に視点をおいて」『重度・重複障害児の事例研究』（第二十集）国立特殊教育総合研究所重複障害研究部、pp.30-36.
厚生省（1966）「児童福祉法の一部を改正する法律の施行について」.
厚生労働省（2010）「基本診療料の施設基準等及びその届出に関する手続きの取扱いについて（通知）」保医発0305第2号.
国立特別支援教育総合研究所（2011）「特別支援学校における障害の重複した子どもの一人一人の教育的ニーズに応じる教育のあり方に関する研究：現状の把握と課題の検討（平成21年度～22年度）研究成果報告書」.
古賀精治（1995）「臨床動作法における訓練者の力量の評定尺度の作成及び信頼性・妥当性の検討」『特殊教育学研究』第33巻第3号、pp.13-21.
小林芳文・大橋さつき（2010）「和光大学から発信するムーブメント教育・療法の軌跡と展望」『和光大学総合文化研究所年報：東西南北』.

斎藤由美子・中澤惠江・大崎博史（2007）「重複障害児のアセスメント研究（１）：自立活動のコミュニケーションと環境の把握に焦点をあてて」『日本特殊教育学会第45回大会発表論文集』p.555.

坂口しおり（1994）「重度重複障害児へのコミュニケーション指導の試み：インリアル分析の複数担任指導への応用」『特殊教育学研究』第31巻第5号、pp.55-61.

坂本龍生（1997）「感覚統合法の基礎」『新・感覚統合法の理論と実践』坂本龍生・花熊暁編著、学習研究社、pp.31-40.

佐々木陽子・川間健之介（2008）「重度・重複障害児の学習場面におけるポジショニングⅡ：座位姿勢の改善により視覚探索と上肢の操作性に良好な変化の見られた事例の検討」『日本特殊教育学会第46回大会発表論文集』p.558.

里見恵子（2005）「インリアル・アプローチとは」『実践インリアル・アプローチ事例集：豊かなコミュニケーションのために』竹田契一監修、日本文化科学社、pp.2-5.

里見恵子（1993）「インリアルによるコミュニケーション・アプローチ（ワークショップ22,日本特殊教育学会第30回大会ワークショップ報告）」『特殊教育学研究』第30巻第5号、p. 72.

下川和洋・小澤那昭（2000）「重複障害児の学習を支援する意志伝達装置の活用事例」『電子情報通信学会技術研究報告．ET, 教育工学』99（581）、pp.77-84.

城間園子・緒方茂樹（2011）「特別支援教育における『とぎれない支援システム』の構築：関係機関における情報交換ツールサポートノート『えいぶる』の作成」『琉球大学教育学部発達支援教育実践センター紀要』第2巻、pp.1-11.

鈴木文晴（2010）「重症心身障害の発生頻度と発生原因」『重症心身障害療育マニュアル第2版』江草安彦監修、医歯薬出版、pp.32-35.

高橋眞琴（2011）「重度・重複障がいのある子どもとの『人間関係の形成』に関する支援者の視点（第2報）『かかわり・つながりリスト』の作成を中心として」神戸大学大学院人間発達環境学研究科研究紀要 第5巻第1号 pp.31-38.

高橋ゆうこ（2008）「歩行が安定しない重度知的障害児の日常生活における身体の操作性の変容：発達支援における動作法の活用」『特殊教育学研究』第46号第4号、pp.231-240.

中央教育審議会初等中等教育分科会特別支援教育の在り方に関する特別委員会（2016）「合理的配慮等環境整備検討ワーキンググループ報告：『合理的配慮』の決定方法等に係る論点例」.

中央教育審議会初等中等教育分科会教育課程部会（2007）「教育課程部会におけるこれまでの審議のまとめ」.

鶴宣彦（2010）「自立活動学習内容要素表」を用いた自立活動の指導における具体的な指導内容の設定の在り方：教師の声かけを聞いて、校内を歩いて移動することをめざした指導事例を通して」日本特殊教育学会第48回大会発表論文集、p406.

特殊教育の改善に関する調査委員会（1975）「重度・重複障害に対する学校教育のあ

りかたについて（報告）」．
徳永豊（2009）『重度・重複障害児の対人相互交渉における共同注意』慶應義塾大学出版会、pp.80-87．
中川薫（2003）「子と自分とのバランスをとる：重症心身障害児の母親の『母親意識』の形成と変容のプロセスに関する研究：社会的相互作用がもたらす影響に着目して」『保健医療社会学論集』14巻1号、pp.1-12．
中村友亮・川住隆一（2006）「音を活用した重症心身障害児（者）への教育・療育的対応に関する研究動向」『東北大学大学院教育学研究科研究年報』第54巻第2号、p.412．
成田滋・田中敦夫（2008）「新しい個別の指導計画作成システム仕様の検討」日本特殊教育学会第46回大会発表論文集、p.371．
成瀬悟策（1973）『心理リハビリテーション』誠信書房．
野口宗雄（2005）「心理学的リハビリテイションによる障害児の長期訓練と訓練環境：3 訓練環境と訓練効果の関連」『信州大学教育学部紀要』114号、pp 133-144．
野崎義和・川住隆一（2009）「超重症児（者）に関する療育・教育の研究動向およびその諸課題について」『東北大学大学院教育学研究科研究年報』第58巻第1号．
野村みどり・高山あかね・平野瑞奈（1998）「障害をもつこどものハウスアダプテーションに関する研究　重度重複障害児の限られた生活実態」『日本建築学会学術講演梗概集』pp279-280．
橋本愛・大平壇・石坂郁代・木舩憲幸（2007）「摂食・嚥下障害児のむせに及ぼす介助のタイミングの影響：教員による『嚥下時喉頭挙上の視認』との関連における」『日本特殊教育学会第45回大会発表論文集』p439．
平元東（2010）「重症心身障害児の診断と評価」『重症心身障害療育マニュアル第2版』江草安彦監修，医歯薬出版、p.19．
藤田紀昭（2010）「ムーブメント教育が重症心身障害者に及ぼす影響について」『同志社スポーツ健康科学』第2巻第1号、p.13．
藤原理佐（2002）「障害児の母親役割に関する再考の視点：母親のもつ葛藤の構造」『社会福祉学』43巻1号、pp.146-154．
古川広大・小林芳文（2008）「ムーブメント教育療法による重度重複障害児（者）の発達支援：ムーブメント教室に18年継続参加している事例の分析」『日本特殊教育学会第46回大会発表論文集』p.574．
古川宇一・李揆晩(1994)「Ｓさんとのおつきあい」『情緒障害教育研究紀要』16号、pp.237-240．
松本大（2006）「状況学習と成人学習」、東北大学大学院教育学研究科研究年報、第55集、第1号、p.219、p.224．
マリアンヌ・フロスティッグ（2007）『フロスティッグのムーブメント教育・療法：理論と実際』小林芳文訳、日本文化科学社．

三原彰夫・衛藤祐司（2009）「個別の教育支援計画策定時に利用可能な地域サービスの比較」『日本特殊教育学会第46回大会発表論文集』p.503.

諸岡美知子（2001）「重症心身障害児施設が行う在宅支援」『重症心身障害療育マニュアル』.

文部省（1978）『特殊教育百年史』.

文部省（1981）「交流教育の実際－心身障害児と共に」pp.8-14.

文部省（1992）「盲学校、聾学校及び養護学校小学部・中学部学習指導要領」.

文部省（2002）「盲学校、聾学校及び養護学校小学部・中学部学習指導要領」.

文部科学省（2007）学校教育法施行令.

文部科学省（2009）「特別支援学校学習指導要領解説自立活動編（幼稚部・小学部・中学部・高等部）」.

文部科学省（2010）「特別支援教育の在り方に関する特別委員会におけるこれまでの主な意見」.

第4章

重度・重複障がいのある子どもたちとの人間関係の形成に関する支援者の視点

前章においては、重度・重複障がいのある人との社会的相互作用は、音声言語に拠らない部分が多いため、関わる側にとっては、表情や身体の動きの読み取りなどが重度・重複障がいのある人との関係形成との基盤になることや重度・重複障がいのある子どもたちとの人間関係の形成を促進するためにも、社会的相互作用に関する研究の充実が求められることを述べた。
　本章においては、重度・重複障がいのある子どもたちに関わる際の支援者の視点に関する研究を取り上げたい。

1. 自立活動における「人間関係の形成」の区分の追加

　前章においては、自立活動の変遷について簡単に取り上げたが、中央教育審議会（2007）において、発達障害のある子どもたち「自己理解を図ること」「ストレスへの対応に関すること」「他者の心の動きの理解の内容」や「幼児・児童・生徒が活動しやすいよう、自ら環境を整えたり、必要に応じて周囲の人の支援を求めたりするような指導」に関しての検討が求められ、2009年の特別支援学校の学習指導要領の改訂で「人間関係の形成」という項目が自立活動に追加されたことを述べた。
　しかしながら、重度・重複障がいのある子どもたちにとっての「人間関係の形成」とは何かについて、検討を加えた文献はあまり見当たらないのが現状であった。
　重度・重複障がいのある子どもたちは、言語・運動・認知・社会性等の複数の障がいを併せ持つことや意思表出の微弱さから、支援者にとっては「人間関係の形成」を捉えることが困難な場合が多いと考えられる。例えば、後上（2005、p.3）は、係わり手の問いかけに対する反応の微弱さや運動障がいによる環境に対する働きかけの少なさを指摘しており、吉田（1999）も、重度・重複障がいのある子どもが一つの行動を獲得するにも、学期単

位、年単位といった長期的試行錯誤的働きかけが必要だとしている。

　宇佐川（2007）は、重度・重複障がいのある子どもたちの「外界への志向性」「視覚・聴覚と運動の連動」「手指操作による初期認知」「知覚の弁別能力」の困難を指摘し、それぞれの子どもたちの臨床仮説と支援目標、活動や教具や係わり方の緻密な配慮と工夫の重要性について述べている。

　したがって、重度・重複障がいのある子どもとの人間関係の形成を考える際には、子どもたちのミクロな身体の動きやサインまでを捉える必要があると考えられる。

2. 重度・重複障がいのある子どもを対象としたチェックリスト

　ここでは、重度・重複障がいのある子どもを対象とした既存のチェックリストの概略を示す。

➢ 「学習状況の評価・目標準拠評価を実施するための学習到達度チェックリスト及び到達度スコア」（徳永、2005）

　適切な目標設定を行うための学習状況の評価や、学習到達度スコアについて提案している。発達月齢0～12か月までを「発達初期の6段階」としている。国語、算数、生活、体育という教科での評価があり、国語の観点として「聞くこと・話すこと」「読むこと」「書くこと」、算数の観点として「数と計算」「量と測定」「図形」をあげている。生活と体育については観点を区別されていない。発達月齢12か月までの段階を6段階、それ以降を5段階、合わせて11段階とし、各段階にスコアを割り付けるようになっている。それぞれの項に評価の規準が記述されている。

➢ 「重度障がいのある子どもの発達評価シート」（坂口、2006）

　「子どもの力を推し測る指標の提供を行う」ことを目的に、発達課題や

達成した内容、支援効果、全体的なプロフィール等の視点で子どもを理解する様式となっている。発達月齢0～16か月までが6段階に分類され、領域として、「志向性」(人への志向・物への志向)、「理解」「表出」「学習の基礎」(課題に向かう力・問題解決の力)、「認知発達」(物の永続性・手段～目的関係)、「好む遊び」をあげている。各領域別に計算式でスコアを算出し、点数をプロフィールシートに転記し、レーダーチャートでプロフィールを示す様式をとっている。ただし、「好む遊び」については、「子どもを理解するためには有益な情報ではあるが、個人差が大きいため発達指標として位置づけるのは困難である」としている。

➤「やりとりの芽生えと展開アセスメント」(斎藤、2008)

「発達初期(発達月齢0か月～16か月)のコミュニケーション行動を包括的に網羅し、重度・重複障がいのある子どもの微細なコミュニケーション行動をやりとりの発達的視点の中で捉え、それらの行動のつながりの理解を助けるものである」である。また、「子どものやりとりの力の展開において、大人の意識的な関わりかけが重要である」という視点を提示している。やりとりの力で見落とされがちな行動が、A「大人に注意を向けること」、B「大人を見ること、ほほえみ」、C「大人の注意を引く→やりとりの持続」、D「やりとりの持続に関わる信号の段階」、E「やりとりの開始と終了」、F「やりとりにおける主体性の展開」の領域に分類され、各領域に項目が示され、1回目、2回目と観察されたら○で囲み、状況や支援についてのコメントが書きこめるシートとなっている。

本書においては、特に、自立活動「人間関係の形成」に関する支援者の視点を抽出し、重度・重複障がいのある幼児・児童(0歳～14歳)の自立活動「人間関係の形成」に関するチェックリストの作成過程の概略(高橋、2010；高橋、2011)について取り上げる。

3. 重度・重複障がいのある子どもたちとの「人間関係の形成」に関するチェックリストの作成過程

(1) チェックリストの試案作成

　重度・重複障がいのある幼児・児童・生徒が在籍するA市、B市の特別支援学校・特別支援学級の教育関係者50名より、それぞれが教育的支援を行うために設定している自立活動「人間関係の形成」の学習目標を記述または聴取する方式で提示いただいた。

　計105項目の学習目標があげられたが、複数の教職員で自立活動「人間関係の形成」の観点として示されている。

- ➢ 他者の関わりの基礎に関すること
- ➢ 他者の意図や感情の理解に関すること
- ➢ 自己の理解と行動の調整に関すること
- ➢ 集団への参加に関すること

の4つの観点に沿って、KJ法で分類した。分類に際しては、2009年に改訂された「特別支援学校学習指導要領」に記載されている例示（表4-1）と照合しながら、下記に示す3名の特別支援学校教員で共同作業を行った。

　分類作業に参加した特別支援学校教員の経歴（作業時）は、
① 特別支援学校勤務歴30年の教員
② 重度・重複障がいのある子どもが家族にいる特別支援学校・特別支援学級勤務歴9年の教員
③ 臨床発達心理士資格を持ち、特別支援学校勤務歴8年の教員

である。

　上記の自立活動「人間関係の形成」の4つの観点のいずれにもあては

まらない学習目標は削除、同一内容を示す項目は統合を行い、意見が相違する際には、その場で協議を行った。

表 4-1　「特別支援学校学習指導要領」に記載されている自立活動「人間関係の形成」の例示

> **他者との関わりの基礎に関すること**
> - 人に対する基本的な信頼感を持つこと
> - 他者からの働きかけを受け止め、それに応ずることができること
> - 好きなかかわりを繰り返し行われた時、かかわる者の存在に気づくこと
> - 誰かに話しかけられたとき、相手のほうに視線を向けること

> **他者の意図や感情の理解に関すること**
> - 言葉や表情、身ぶりで相手の心の状態を読み取ること
> - 視覚的・聴覚的なてがかり（表情・声の抑揚など）から話し手の意図や感情を把握すること
> - その場に応じて適切に行動すること

> **自己の理解と行動の調整に関すること**
> - 経験が乏しいことから自分の能力の理解が十分できていない場合、自分でできることや補助的な手段を用いるとできること、他の人に依頼して手伝ってもらうことなど自分で認識し、理解していくこと
> - 自己を肯定的にとらえる感情を高めていくこと
> - 自己を理解し、状況に応じて行動できるようになること

> **集団への参加に関すること**
> - 集団の雰囲気に行動を合わせること
> - 集団に参加するための手順や決まりを理解すること
> - 遊びや集団活動に積極的に参加できるようになること
> - 日常生活で必要とされる様々なルールや常識を理解すること
> - どのように行動すべきか、相手はどのように受け止めるかを理解すること

第 4 章　重度・重複障がいのある子どもたちとの人間関係の形成に関する支援者の視点

　教育関係者が設定した自立活動「人間関係の形成」の学習目標105項目を3名の教職員で分類する過程において、見られた特徴であるが、「他者の関わりの基礎に関すること」の観点では、「発声・表情で感情を表現する」「周囲の人に視線を向ける」「周囲の人に手をのばす」「特定のひとがわかる」「友だち・支援者からものを受け取る」「呼名に対して発声する」といった内容の記述が多く、発達月齢0～12か月までの段階のものが大半であった。

　一方、「他者の意図や感情の理解に関すること」の観点では、「ごっこ遊びができる」「簡単な指示に従うことができる」「厳しい口調の時に動きを止める」という内容の記述が多かった。

　「自己の理解と行動の調整に関すること」の観点では、「他者に自分の意思を伝え、器具等を要求することで活動に参加する」
「その場の状況を感じ取り、応援の言葉かけや発声ができる」という内容の記述がみられた。

　「集団への参加に関すること」では、「じゃんけんで勝敗が理解できる」「クラスの子どもと一緒に話し合いを行うことができる」などの記述がみられた。

　「他者の意図や感情の理解に関すること」「自己の理解と行動の調整に関すること」「集団への参加に関すること」の観点では、発達月齢も73か月にまでわたっていた。

　4領域に分類した「人間関係の形成」の105項目の学習目標は、「KIDS乳幼児スケール、タイプA」（三宅、1989）、「日本版ポーテージ乳幼児教育プログラム」（山口、1983）、「MEPAⅡ、乳幼児と障害児の感覚運動アセスメント」（小林、1992）、「新版S-M社会生活能力検査（三木、1980)の「社会性」や「コミュニケーション」の領域を参照し、項目の削除・追加・修正を行い、「他者の関わりの基礎に関すること」「他者の意図や感情の理解に関すること」「自己の理解と行動の調整に関すること」「集団への

参加に関すること」の4観点に沿った「重度・重複障がいのある幼児・児童（0歳〜14歳）の自立活動『人間関係の形成』に関するチェックリスト」試案を作成した。

（2）作成したチェックリスト試案について

次の4つの観点で各10項目とし、対象年齢を0歳〜12歳としたところ、表4-2〜表4-5のようなチェックリスト試案となった。

- ➢ 他者の関わりの基礎に関すること
- ➢ 他者の意図や感情の理解に関すること
- ➢ 自己の理解と行動の調整に関すること
- ➢ 集団への参加に関すること

表 4-2　他者とのかかわりの基礎に関すること

10. 周囲の人が注目するような行動を繰り返す。
9. 周囲の人の簡単な動作をまねる。
8. 身近な人にものを手渡す。
7. 呼名に対して視線を向ける。
6. 声を出すことで身近な人の注意を引こうとする。
5. 身近な人に対して視線を合わそうとする。
4. 自分の興味がある人に対して、手を伸ばし引き寄せようとする。
3. 身近な人に対して、ほほえんだり、声を出したりする。
2. 目の前の人の動きを目で追う。
1. 音がすると動きが止まる。

第4章　重度・重複障がいのある子どもたちとの人間関係の形成に関する支援者の視点

表 4-3　他者の意図や感情の理解に関すること

10. 友だちのもっているものがほしい時、「貸して」という。
9. 指示に沿ったものを他の場所から持ってくることができる。
8. 促されると、周囲の人に頭を下げるなどのあいさつができる。
7. 友だちが欲しがるとき、持っているものを貸してあげることができる。
6. 「ダメ」などと禁止されると、手を引っ込める。
5. 「ちょうだい」に応じて物を放す。
4. 支援者がマラカスなどを振ると、真似をして振ろうとする。
3. ほめられるとうれしそうな表情をする。
2. 他者の真似をして拍手をする。
1. 他者の表情に応えて表情を変化させる。

表 4-4　自己の理解と行動の調整に関すること

10. 概ね、周囲の人の指示に従うことができる。
9. 他者に自分の意思を伝え、器具等を要求することで活動に参加する。
8. 活動の際に順番を待つ。
7. 好き、悲しい、いやなどの感情をことばで伝える。
6. その場の状況を感じ取り、応援の言葉かけや発声ができる。
5. できないことがある場合、近くの人に頼ろうとする。
4. 次の活動がはじまるまで、椅子に座ってしばらく待つことができる。
3. ひとり遊びが10分程度できる。
2. 静かな雰囲気の場所で大声を出さずに静かに過ごす。
1. 「アー」、「ウー」などしきりに声を出す。

表4-5　集団への参加に関すること

10. 周囲の人が注目するような行動を繰り返す。
9. 2～3人の友だちと20分以上一緒に遊ぶことができる。
8. 周囲の指示に従って、ルールに沿った集団活動を行う。
7. 他の友だちの真似をして、ゲームやルールに従う。
6. グループが一つになって活動を行うことができる。
5. 2～3人の友だちと一緒に遊ぶことができる。
4. もう一人の友だちと、数分間やりとりをすることができる。
3. もう一人の友だちと場を共有して遊ぶことができる。
2. 友だちが活動している際に、友だちの様子を見る。
1. 周囲の様子を見て行動する。

（3）チェックリスト試案の「使いよさ」と「妥当性」の確認

　A市、B市で重度・重複障がいのある幼児・児童の教育的支援の経験がある特別支援学校・特別支援学級の教職員30名に調査を行い、チェックリスト試案の「使いよさ」の確認作業を行った。

　確認作業は、チェックリストを見た上で、1～4の各設問に5件法で回答を求めた（表4-6）。

　また、チェックリスト試案に対する意見の自由記述をいただいた。

表 4-6　人間関係の形成チェックリスト試案の使いよさと妥当性

n=30

設問項目	平均値	標準偏差
1. このチェックリストは重度・重複障がいのある幼児・児童の教育実践に利用できますか	1.93	0.78
2. このチェックリストは重度・重複障がいのある幼児・児童を理解する上で役に立ちますか。	1.80	0.76
3. このチェックリストの10段階評定は妥当ですか。		
他者の関わりの基礎に関すること	1.86	0.73
他者の意図や感情の理解に関すること	1.96	0.81
自己の理解と行動の調整に関すること	1.96	0.81
集団への参加に関すること	2.03	0.89
4. このチェックリストの項目の内容表現は適切ですか。		
他者の関わりの基礎に関すること	1.80	0.81
他者の意図や感情の理解に関すること	1.80	0.81
自己の理解と行動の調整に関すること	1.80	0.71
集団への参加に関すること	1.96	0.89

①非常にそう思う　②ややそう思う　③どちらともいえない
④あまりそう思わない　⑤まったくそう思わないの5件法

以下は、チェックリスト試案への自由記述である。
> 自立活動で新しく「人間関係の形成」ができたが、適切な尺度がないので、次の学習目標が立てにくい。このようなリストや評価尺度があることは望ましい。
> 私の子どもにも障がいがあるが、このリストは障がいのある子どもたちを理解する上で、結構いい。
> 今年から特別支援学校に勤務しているが、勉強になった。リストを

見ると、他者理解や集団参加での支援が不十分であることがわかった。
- 重度・重複障がいのある子どもたちの支援に生かせるリストだと思う。
- 児童・生徒の発達状況を知ることで、「次のステップは何か」を理解し、実践につなげることができる。では、その発達状況を知る尺度には何があるのか知りたいと思います。
- 重度・重複障がいのある児童・生徒の人間関係の形成の状況を調べる尺度がない。そのようなものがあれば、個別の指導計画に役立つと思う。
- いい尺度だと思います。今年初めて特別支援学校に来たのですが、わからないことだらけで逆に参考になりました。
- 子どもを理解し、課題を考えるために大変役に立つと思います。その一方、
- 各観点に共通していえることだが、1の段階でも困難な子どもがいる。
- 10段階のリストとしては、よくできているが、子どもによっては難しい項目がある。
- 子どもの覚醒レベルが終日低いので、リストの項目であてはまらないものがある。
- 日によって体調や行動パターンが大きく変化する子どもがいて、ことばにできない子どもはつらそうである。
- 例えば10の段階は可能だが、8の段階が困難な子どもはどのように評価を行ったらよいか。
- 長年にわたって生徒といると、生徒の心が理解できるようになるのでしょうか？今、大変苦しいところです。

などのリストの課題に関する意見もあげられていた。

（4）重度・重複障がいの子どもたちに関わる支援者の視点
　　―重度・重複障がいのある子どもたちとの「人間関係の形成」に関する
　　　チェックリストの試案を通して―

　重度・重複障がいのある子どもは、言語・運動・認知・社会性等の様々な領域において重複した障がいがみられる。

　子ども自身がこれまで生活年齢相応に周囲の状況や周囲の人間関係が理解できていたとしても、身体的な状況で発声や発話が困難な場合、それを支援者に伝えるサインやツールを持たなければ子ども自身の意思が支援者には伝わりにくいのである。

　教育関係者が子どもの支援を行う上で設定した自立活動「人間関係の形成」の学習目標においては、

「発声・表情で感情を表現する」

「周囲の人に視線を向ける」

「周囲の人に手をのばす」

などの複数の支援者が見ても客観的に評価できる学習目標が多く示されていたが、例えば「発声をする」という項目一つをとっても、「相手を呼んでいるのか」、「発作が起こっているのか」、「楽しいから声を出しているのか」、「不快なので声を出しているのか」、「相手の呼びかけに応えているのか」など様々な意味づけができる。これらの子どもの行動の意味づけは、支援者の「経験」や「視線や表情の読み取り」、「前後の文脈での状況判断」などの力によって左右される部分である。

　坂口（2006）も、言語によらないコミュニケーションの場合、重度・重複障がいのある子どもの行動の読み取りや意図理解の重要性を示唆している。

　例えば、「ジャンケンのルール」は理解できているが、身体的な状況で

発声できない、手を出せないなどの状況がある場合、子どもに内在する「認知力」の見極めが支援者にとって必要なのである。

鯨岡（2006、p.176）も「大人が言語的に働きかけても明確な応答が得られない、快や不快がかろうじて表出できるだけに見える重い障碍の子どもとのコミュニケーションを考えるとき、子どもに表現させる前に、まずは、大人の側が子どもの気持ちを間主観的に掴んで対応することが必要である」と述べているが、特に「人と人との相互作用」を中心的課題に据えた自立活動「人間関係の形成」の学習目標では、子どもの行動の意味づけを複数の支援者の視点で行うことが望ましいといえる。

試案では観点別に10段階の項目のチェックリストを作成した。重度・重複障がいのある子どもを中心としたチェックリストの先行研究においては、発達月齢0か月～16か月といった設定が主であったが、今回の研究では、「他者の関わりの基礎に関すること」以外の領域については、支援者が設定する学習目標は、先行研究が設定していた月齢を大きく上回っていたため、領域間の整合性をどのようにしていくかが課題とされた。

また、「日々の子どもの体調の変化」や「これまでの生活で生活年齢相応に培われている内在する力はあるが、他者に身体的な状況等で意思伝達に困難がある幼児・児童の特性」「複数の支援者の視点で子どもを捉えること」「障がいのない子どもの発達と比較して段階的ではない非定形的な発達の側面があること」などをどのようにチェックリストの項目や様式に反映させるかが、課題として挙げられた。

（5）「かかわり・つながりリスト」作成に向けて

重度・重複障がいのある子どもたちとの「人間関係の形成」に関するチェックリストの試案（以下、試案）での子どもの体調の変化や特性の多様性といった課題を踏まえ、リストの名称を予備調査時とは異なる特別支援学校・特別支援学級の勤務歴のある評価者3名で検討し、「かかわり・

つながり」リストとすることにした。

　まず、試案での 40 項目の内容は、大きく変えずに、より重度・重複障がいのある子どもの様子にあてはまる文章表現に評価者で協議して変更を行った。また、「相互の人間関係を構築していくこと」を目的としたツールであることを考慮し、10 段階評定ではなく長崎大学附属特別支援学校作成の「こころチェックリスト」（2009）のように、障がいのある子どもと関わる相手との関わりの度合いがわかるものがよいのではないかということが評価者間での共通理解となった。

　検討した試案の項目の妥当性を確認するために、3 名の評価者に臨床心理士も交えた計 4 名の評価者で項目を加えて質問紙調査を実施することとした。

　質問紙調査は、A 県の「重度・重複障がい」「重度心身障がい」に関係する重度心身障がい者施設、療育機関、特別支援学校、支援団体など、30 機関で重度・重複障がいのある子どもに携わる教職員・支援者を対象とし、研究協力を依頼した。22 機関より回答があった。回収率 72.6％、回収総数 335 であった。回答者の属性は、教員、保育士、介護職員、介助員、看護師、理学療法士、作業療法士、言語聴覚士、ケースワーカー、臨床心理士、社会福祉士、支援サポーター、支援ボランティアと複数の職種にわたり、中には障がいのある子どもの家族も含まれていた。平均経験年数は 8.21 年であった。今回のリストは、対象年齢を学齢期（0 歳〜 18 歳）にしぼり、256 名分の回答を分析に用いた。

　試案の 40 項目に逆転項目及び評価者で検討した項目を追加し、52 項目とした。また、既存尺度との相関を検討するために、重度・重複障がいのある子どもの教育や地域等での活動プログラムで活用され、子どもの発達支援の手がかりとなることをコンセプトとする MEPA-R（小林、2006）の社会性領域の項目を追加した計 73 項目を用いた。「かかわり・つながりリスト」の試案全 52 項目のうち、重度・重複障がいのある子ど

もと支援者との「関係形成」の観点から再度検討した結果、「関係形成」の表現として適さない項目（逆転項目）5項目を除き、以降の分析を行った。

　47項目について、平均＋－、標準偏差の値を検討したのち、因子分析（主因子法・プロマックス回転）を行った。因子抽出の基準を固有値1以上とし、因子負荷量が.35に満たないものや複数の因子に.35以上の負荷量を示した項目を削除する形式で、単純構造が得られるまで解析を繰り返した。その結果、固有値の推移と解釈可能性から4因子構造が妥当であると判断された。

　第1因子は、重度・重複障がいのある子どもの社会での活動のひろがりという観点から、「ひろがり」と命名した。

　第2因子は、身近で関わる人との人間関係の形成という観点から「つながり」と命名した。

　第3因子は、関わる人の感情を理解するという観点から「きもち」と命名した。

　第4因子は、重度・重複障がいのある子どもと関わる人との基礎的な関わりという観点から「かかわり」と命名した。

　（因子間相関値：$r=.57 \sim .72$、α係数：「ひろがり」因子：$\alpha=.96$,「つながり」因子：$\alpha=.94$、「きもち」因子：$\alpha=.88$、「かかわり」因子：$\alpha=.89$、MEPA-Rの得点と「かかわり・つながりリスト」の得点との相関係数：$r=.88$、下位尺度ごとの相関係数：$r=.65 \sim .85$）

　そこで、第5章では重度・重複障がいのある子どもとの人間関係の形成の促進に立った視点で作成された「かかわり・つながりリスト」と内容に沿ったプログラムを提案していきたい。

❖　引用・参考文献

後上 鐵夫（2005）「重複障害の概念 平成16年度～平成17年度課題別研究 重複障害のある児童生徒のための教育課程の構築に関する実際的研究」独立行政法人国立特

別支援教育総合研究所、p.3.
宇佐川浩（2007）『感覚と行動の高次化からみた子ども理解』学苑社、pp.15-27.
遠城寺宗徳（2009）『遠城寺式・乳幼児分析的発達検査法：九州大学小児科改訂新装版』慶應大学出版会.
鯨岡峻（2006）『ひとがひとをわかるということ—間主観性と相互主体性—』ミネルヴァ書房、pp.177-179.
小林芳文（1992）『MEPA Ⅱ、乳幼児と障害児の感覚運動アセスメント』コレール社.
小林芳文（2006）『MEPA-R ムーブメント教育・療法プログラムアセスメント』日本文化科学社.
斎藤由美子（2009）「重複障害児のアセスメント研究：実践につなげやすい重複障害のある子どもの見え方とコミュニケーションに関する初歩的な力のアセスメントガイドブック（試案）」『専門研究A（重複障害児のアセスメント研究：視覚を通した環境の把握とコミュニケーションに関する初期的な力を評価するツールの改良）』独立行政法人国立特別支援教育総合研究所、pp.29-40.
坂口しおり（2006）『障害の重い子どものコミュニケーション評価と目標設定：附録 重度障害児のコミュニケーション発達評価シート』ジアース教育新社、p.8、pp.68-92.
高橋眞琴（2010）「重度・重複障がいのある幼児・児童の「人間関係の形成」に関する支援者の視点（第1報）：自立活動「人間関係の形成」に関するチェックリストの作成を中心とし神戸大学大学院人間発達環境学研究科研究紀要第4巻第1号、pp.169-175.
高橋眞琴（2011）「重度・重複障がいのある子どもとの『人間関係の形成』に関する支援者の視点（第2報）：『かかわり・つながりリスト』の作成を中心として神戸大学大学院人間発達環境学研究科研究紀要 第5巻第1号、pp.31-38.
徳永豊（2005）「重度・重複障害児における共同注意関連行動と目標設定及び学習評価のための学習到達度チェックリストの開発」平成15年度〜平成17年度科学研究費補助金（基盤研究（C））研究成果報告書（課題番号：15530441）pp.27-32.
徳永豊（2009）「重度・重複障害児の対人相互交渉における共同注意—コミュニケーション行動の基盤について—」慶應義塾大学出版会、pp.82-90.
長崎大学附属特別支援学校（2009）「こころチェックリスト」.
三木安正（監修）旭出学園教育研究所・日本心理適性研究所（編集）（1980）『新版S-M社会生活能力検査』日本文化科学社.
三宅和夫（監修）大村政男・高嶋正士・山内 茂・橋本 泰子（編集）（1989）「KIDS乳幼児スケール、タイプA」（財）発達科学研究教育センター発行.
文部科学省（2010）「学校基本調査の手引き」p.10.
文部科学省（2009）「特別支援学校学習指導要領解説自立活動編（幼稚部・小学部・中学部・高等部）」.

山口薫（監修）日本ポーテージ協会（編集）(1983)『日本版ポーテージ乳幼児教育プログラム』主婦の友社．

吉田純治（1999)「重度・重複障害児の個別指導計画：指導目標設定から指導計画作成までの取組」佐賀県教育センター．

第5章

「かかわり・つながりリスト」と活動プログラム

第4章においては、「かかわり・つながりリスト」の試案及び作成の過程について、取り上げた。このリストは、重度・重複障がいのある子どもたちの教育や療育に携わる多数の人々からご協力を得て、作成したものである。
　第5章においては、「かかわり・つながりリスト」とリストに関連した活動プログラムを提案する。

1. 「かかわり・つながりリスト」の趣旨

　本リストについては、通常学校における観点別評価のように、重度・重複障がいのある子どもたちをリストに提示している項目に沿って、段階別に評価し、将来的に高い評定を得ることは目指していない。重度・重複障がいのある子どもたちと教員や家族、支援者が関わる中でお互いのかかわりの度合いがどれぐらいあるかを確認することを趣旨とした。
　ただし、リストに示している項目を個別の指導計画での自立活動「人間関係の形成」での目標の一つとして、個々の子どもたちの特性に沿った形として、参考にしていただくことは可能であろう。
　「かかわり・つながりリスト」では、重度・重複障がいのある子どもたちの身体上の特性から、例えば、視覚的な障がいがある場合には、「視線を向けることは不可能である」し、身体的な障がいから「移動することは不可能である」といった面が出てくることや、項目で示している活動の設定自体がない場合もあるため、5段階評価から6段階評価へ修正を行い、すべての欄に0の「設定なし」を加えた。
　日付と記述欄を併記していることで、行いたいときに、行いたい項目について、自由に確認し、かかわりの様子を文章化することや状況図を書き込むこともできる。
　本リストを重度・重複障がいのある子どもたちの「視線」や「表情」といっ

た非言語の読み取りに至るまで、学校教育において活用することで、子どもたちへの理解が深まり、子どもたちの様子をより理解することで、次の学習内容の計画づくりなどにも役立てることができると考えられる。

「かかわり・つながりリスト」とともに、リストと連動した活動プログラムも検討した。本リストと連動した活動プログラム自体が発達的視点に基づいたものであるため、本リストを用いることで、保護者が自分の子どもの理解をより深めることにも利用でき、学校と家庭との連携での子どもの発達支援につながる。

また、地域の人々や学生による重度・重複障がいのある子どもに対するボランティア活動で子どもをより理解することや、複数のボランティアが一人の子どもの支援について話し合う機会などに活用することも期待できる。

2. リストの使い方

「リストの使い方（質問シートの進め方）」に示しているように、このリストは、子どもたちを教員が一方的にテストするツールではなく、「子どもたち」と「かかわる周囲の人たち」双方の「かかわり」を確認する内容となっている。したがって、日や活動内容、子どもたちの体調によってリストの内容も変動がありえる。

そのため、最下部に、日付と気付いた点について、記入する欄も設けている。例えば、その日の体調や活動内容についても記入できるようになっている。

このリストの記入を集積することで、学習内容やかかわりの質も捉えることが可能であり、「かかわる側」の理解や省察、意識の変化（「かかわる側」の発達）にもつながる。

「かかわり・つながりリスト」と活動例について

使い方

　「かかわり・つながりリスト」は、重い障がいのあるお子さんと自分や周囲の人との「かかわり」や「つながり」について考え、さらに「かかわり」や「つながり」を深めていこうとするものです。

　この質問シートは、「かかわり」、「きもち」、「つながり」、「ひろがり」の4つにわかれています。

▶質問シートのすすめ方◀

- 0～5の番号は、お子さんの気持ちや人間関係の広がりの多さ、少なさを表しています。
　0 設定なし、 1 まったくない、 2 あまりない、 3 どちらともいえない、 4 ややある、 5 とてもよくある　となっています。
　その時の様子をふり返って、番号に○をしてみて下さい。

- 0～5は、その時の「かかわり」や「つながり」の様子を示していますので、その日の子どもさんの様子や体調、周囲の人のかかわり方によって、変化があります。

- その時の状況で答えられないものには、答えなくてもよいです。
　その場の状況で判断できない場合には、0に○をして下さい。
　（例：活動自体の設定がない。身体上、活動ができない。）

- リストの下に、日付とその時の様子を書く欄を設けています。
　お子さんのその日の体調や行った活動について書き込み、次回の参考にしてみて下さい。

▶活動例について◀

- ◆「かかわり・つながりリスト」の項目に沿った活動例が書かれています。
- ◆お子さんによって、個人差がありますが、活動の参考にしてみて下さい。

第5章 「かかわり・つながりリスト」と活動プログラム

「かかわり・つながりリスト」

このリストは、重い障がいのあるお子さんと自分や周囲の人との「かかわり」や「つながり」について考えてみようとするものです。それぞれの項目の中から 0 設定なし、1 まったくない、2 あまりない、3 どちらともいえない、4 ややある、5 とてもよくある、のうち、最も近いと思う番号を1つ選んで、○で囲んでください。

「かかわり」

1.関わる人の動きを目で追う。	0 1 2 3 4 5
2.周囲の人が活動している際に、周囲の人の様子を見る。	0 1 2 3 4 5
3.身近な人に対して視線を合わそうとする。	0 1 2 3 4 5
4.関わる人が名前で呼ぶと、その方向へ視線を向ける。	0 1 2 3 4 5
5.関わる人の表情に応えて、表情を変化させる。	0 1 2 3 4 5

「きもち」

1.好き、悲しい、嫌などの感情を発声、表情、身体の動きのいずれかで伝える。	0 1 2 3 4 5
2.周囲の人にほめられると、うれしそうな表情をする。	0 1 2 3 4 5
3.一人でいると不安がる。	0 1 2 3 4 5
4.関わる人に対して、声を出したり、ほほえんだりする。	0 1 2 3 4 5
5.注意されると、表情を変える。	0 1 2 3 4 5
6.関わる人が喜ぶと、同様に喜びの表情をする。	0 1 2 3 4 5
7.関わる人が出す音に対して、気づき、動きをとめる。	0 1 2 3 4 5

「つながり」

1.近くにいる人にものを手渡す。	0 1 2 3 4 5
2.自分の周囲にいる人に、手をのばし引き寄せようとする。	0 1 2 3 4 5
3.周囲の人が注目するような行動を何度も繰り返そうとする。	0 1 2 3 4 5
4.周囲にいる人のところへ、自分から移動しようとする。	0 1 2 3 4 5
5.関わる人が「ちょうだい」というと、手に持っているものを放そうとする。	0 1 2 3 4 5
6.周囲の人に「貸して」といわれると、持っているものを渡そうとする。	0 1 2 3 4 5
7.周囲の人が持っているものがほしい時、発声、表情、身体の動きのいずれかで伝える。	0 1 2 3 4 5
8.周囲の人の簡単な身体の動き(拍手、会釈、発声など)を見て、まねをしようとする。	0 1 2 3 4 5
9.関わる人が顔を近づけると、同様に顔を近づけようとする。	0 1 2 3 4 5
10.できないことがある場合、周囲の人を頼ろうとする。	0 1 2 3 4 5
11.一人遊びを5分間程度することができる。	0 1 2 3 4 5
12.周囲の人の様子を見て、行動する。	0 1 2 3 4 5

「ひろがり」

1. 4、5人の人と、協力して活動に参加しようとする。	0 1 2 3 4 5
2. 活動の際に、順番を待つ。	0 1 2 3 4 5
3. 周囲の人とグループで一体となり、活動に参加する。	0 1 2 3 4 5
4. 活動の際に、説明している人の話を聞こうとする。	0 1 2 3 4 5
5. 2、3人で仲間になり、お互い関わっていこうとする。	0 1 2 3 4 5
6. 集団での活動において、仲間に対して応援する発声、表情、身体の動きのいずれかが出る。	0 1 2 3 4 5
7. 静かな雰囲気の場所で、声を出さずに静かに過ごそうとする。	0 1 2 3 4 5
8. ことばかけを理解し、10分程度気分を落ち着け、過ごすことができる。	0 1 2 3 4 5
9. もう一人の友だちと、数分間やりとりができる。	0 1 2 3 4 5
10. 概ね、周囲の人の指示に沿った行動をしようとする。	0 1 2 3 4 5
11. 周囲の人のまねをして、ルールに従おうとする。	0 1 2 3 4 5
12. 次の活動がはじまるまで、しばらく座って待つことができる。	0 1 2 3 4 5
13. 「ダメ」などと注意されると、現在している行動をやめる。	0 1 2 3 4 5
14. 周囲の人と場を共有して活動することができる。	0 1 2 3 4 5

(　月　　日)お互いのかかわりの中で感じられたことをご記入ください。

「かかわり・つながりリスト」の活動例

「かかわり」について

お互いの「かかわり」の基本となるような項目です。
「信頼感」や「安心感」、「かかわる人の存在に気付くこと」が大切です。

かかわり1
関わる人の動きを目で追う

活動例
★鮮やかな色彩の服装をして声をかけてみましょう。
★子どもさんの興味のある教材を持って、移動してみましょう。

かかわり2
周囲の人が活動している際に、周囲の人の様子を見る

活動例
★楽しそうな雰囲気で活動してみましょう。
★子どもさんの目の前で、別の二人が楽しそうに会話する様子を見せてみましょう。

かかわり3
身近な人に対して視線を合わそうとする

活動例
★普段から、視線の高さを揃えて子どもさんに話しかけましょう。
★普段から、子どもさんの手を握ったりして、お互いの身近さを感じるようにしましょう。

かかわり4
関わる人が名前で呼ぶと、その方向へ視線を向ける

活動例
- ★「○○さん」とゆっくり呼びかけ、こちらから視線を合わせてみましょう。
- ★明るい雰囲気で声をかけてみましょう。

かかわり5
関わる人の表情に応えて、表情を変化させる

活動例
- ★話しかける際に、表情を豊かにしてみましょう。
- ★その時の話しかけの内容に応じて、声のトーンをはっきり変えてみましょう。

●●●「きもち」について

お互いの「きもち」を考える基本となるような項目です。

きもち1
好き、悲しい、嫌などの感情を発声、表情、身体の動きのいずれかで伝える

活動例
- ★子どもさんが好きそうな時、「好きなのね」など感情に寄り添った声かけをしてみましょう。
- ★「これは好き」「これはいや」などのサインを決め、子どもさんがすぐに感情を出せるように工夫してみましょう。

きもち2
周囲の人にほめられるとうれしそうな表情をする

活動例
- ★普段から子どもさんの表情が変化するまでしっかりほめましょう。
- ★ささいなこともしっかりほめて、子どもさんが表情豊かに表現できるようなかかわりをしてみましょう。

きもち3
一人でいると不安がる

活動例
- ★ついたてなどのかげにかくれてみましょう。
- ★子どもさんの視界に入らない場所に移動してみましょう。

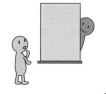

きもち4
関わる人に対して、声を出したり、ほほえんだりする

活動例
- ★子どもさんの好む声かけや遊具を用いて関わってみましょう。
- ★子どもさんの興味のありそうな話をしてみましょう。

きもち5
注意されると表情を変える

活動例

★ある程度、「注意されている」というスタンスを保持し、厳しめの声のトーン、表情で話してみましょう。

きもち6
関わる人が喜ぶと、同様に喜びの表情をする

活動例

★活動の際に、楽しさを表現するような雰囲気を笑顔や声で表してみましょう。

きもち7
関わる人が出す音に対して、気付き、動きをとめる

活動例

★鉄琴や棒風鈴、キーボード等を鳴らしながら「○○さん」と呼びかけてみましょう。
★音や音楽のやりとりを繰り返し行ってみましょう。
★同じ曲でも音楽の音色を変えたり、音程を変えてみましょう。
★音や曲の途中で止めてみて、子どもさんの様子を見てみましょう。

第5章 「かかわり・つながりリスト」と活動プログラム

●●● 「つながり」について

相手との関わりをさらに促進していく基本となるような項目です。

つながり1

近くにいる人にものを手渡す

活動例
★「どうぞ」、「ありがとう」といった受け渡しの動作を繰り返し行ってみましょう。

つながり2

自分の周囲にいる人に、手をのばし引き寄せようとする

活動例
★普段から子どもさんの名前を呼びながら関わってみましょう。
★場にいる人同士が子どもさんの手の届く範囲にいるようにしてみましょう。

つながり3

周囲の人が注目する行動を何度も取り返そうとする

活動例
★良い行動の場合…周囲にいる人がニコニコしながら子どもさんをほめましょう。
★良くない行動の場合…それにあえて反応せず、黙って安全を確保するように対応しましょう。

つながり4

周囲にいる人のところへ、自分から移動しようとする

活動例

★少し離れたところから名前を呼び、こちらを見たら「こっちに来る？」と尋ね、移動できるような支援をしてみましょう。

つながり5

関わる人が「ちょうだい」というと手に持っているものを放そうとする

活動例

★子どもさんと「ちょうだい」、「ありがとう」の動作を繰り返し行ってみましょう。

つながり6

周囲の人に「貸して」といわれると、持っているものを渡そうとする

活動例

★子どもさんと視線を合わせて、貸してほしいものを指さして、ゆっくり「貸して」と言ってみましょう。
★自分の手のひらを見せて「貸して」と言ってみましょう。

第 5 章 「かかわり・つながりリスト」と活動プログラム

つながり 7
周囲の人が持っているものがほしい時、発声、表情、身体の動きのいずれかで伝える

活動例
★「ほしいものを見て伝える」、「ほしい時手をのばす」などの行動の伝え方の取り決めをしてみましょう。

つながり 8
周囲の人の簡単な身体の動き（拍手、会釈、発声など）を見て、まねをしようとする

活動例
★「おはようございます」などのあいさつの際に、会釈してみせ、一緒にするように子どもさんに促してみましょう。

つながり 9
関わる人が顔を近づけると、同様に顔を近づけようとする

活動例
★視線を合わせ、顔を近づけながら子どもさんの様子を見てみましょう。

つながり10
できないことがある場合、周囲の人を頼ろうとする

活動例

★歩き始めたお子さんが一人歩きしているときに、椅子の近くで手を離してみて、椅子に座るかどうか様子を見てみましょう。

★座ることが苦手なお子さんがなんとか一人で座っているときに、いつでも支えることができるような位置に座り、様子を見てみましょう。

つながり11
一人遊びを5分程度することができる

活動例

★おもちゃ、楽器、本など、普段から子どもさんの興味のあるものを渡してみましょう。

つながり12
周囲の人の様子を見て行動する

活動例

★友だちと一緒に活動できる場面を設定してみましょう。

★集団で一斉に行動するような場に参加してみましょう。

第5章 「かかわり・つながりリスト」と活動プログラム

●●●●「ひろがり」について

集団の参加へと関わりを広げていく項目です。

ひろがり1

4、5人の人と協力して活動に参加しようとする

活動例
★新聞紙の四すみを4人で持って、その上にボールをのせ、運んでみましょう。

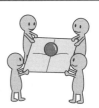

ひろがり2

活動の際に順番を待つ

活動例
★素材を少なめに用意して、順番を待ちましょう。
★一つの絵を協力して描くために、順番に描いてみましょう。
★教材を配布する時に、「今日はどっちから」と聞いてみましょう。
★ボール遊びなどで、渡す相手を指示してみましょう。

ひろがり3

周囲の人とグループで一体となり、活動に参加する

活動例
★お店屋さんごっこをしてみましょう。
★数人で調理実習をしてみましょう。
★パソコンを使った活動（二人用など）をしてみましょう。

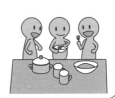

ひろがり4

活動の際に説明している人の話を聞こうとする。

活動例

★説明を聞かないとわかりにくい道具などを用いてみましょう。

ひろがり5

2、3人で仲間になり、お互い関わっていこうとする

活動例

★子ども同士でボールを受け渡しさせたり、音楽に合わせてボールをタッチさせたりしましょう。
★お店屋さんごっこ（お客さんと店員さんになり、お金や品物の受け渡しをする）をしてみましょう。

ひろがり6

集団の活動において、仲間に対して応援する発声、表情、身体の動きのいずれかが出る

活動例

★ゲームなどの際に、「○○がんばれ」の声かけや一緒に手を叩く、応援するなどを行い、子どもさんの身体の動きを促してみましょう。

第 5 章 「かかわり・つながりリスト」と活動プログラム

ひろがり 7
静かな雰囲気の場所で、声を出さずに過ごそうとする

活動例
★暗くしたり、騒がしくない静かな雰囲気をつくり、リラックスする空間を作ってみましょう。

ひろがり 8
ことばかけを理解し、10 分程度気分を落ち着け、過ごすことができる

活動例
★子どもさんの気分が高まっているときなどに、落ち着いた声で、「力を抜こうね」などの声かけを行ってみましょう。
★ゆっくりと視線を合わせてみましょう。

ひろがり 9
もう 1 人の友だちと数分間やりとりができる

活動例
★お互いの名前を呼んでみたり、好きなことを話してみたり、お互いの手を握ってみたりしましょう。
★友だちに「とってほしい」という要求を伝えたり、「次に貸してね」、「一緒に○○しようね」という場面をつくってみましょう。

ひろがり 10

概ね、周囲の人の指示に従った行動ができる

活動例

★活動の前に「いまから○○します」とはっきり伝えましょう。

ひろがり 11

周囲の人のまねをして、ルールに従おうとする

活動例

★様々な活動の見本を見せてみましょう。

ひろがり 12

次の活動がはじまるまで、しばらく座って待つことができる

活動例

★活動のはじまり、終わりの見通しをつけるようにしましょう。
★「もう少し座って待とうね」と声をかけ、一緒に待ってみましょう。

第5章 「かかわり・つながりリスト」と活動プログラム

ひろがり13
「ダメ」などと注意されると、現在している行動をやめる

活動例
★声のトーンなど、「ダメ」という注意の仕方をあらかじめ決めておき、何度も繰り返し行ってみましょう。

ひろがり14
周囲の人と場を共有して活動することができる

活動例
★いすを丸くおいて、まん中に動物をおき、順番にかわいがってみましょう。
★数名で円形をとりボウリングをしてみましょう。その際に、2人同時に玉を投げてみるなどしてみましょう。また、活動中に、ピンを立てる人、玉を渡す人などの役割分担をしてみましょう。

3. 「かかわり・つながりリスト」の活用例について

　この節においては、「かかわり・つながりリスト」を実際に、教育現場で活用した例と、ボランティア活動に向けて、フォーカス・グループインタビュー調査を実施した内容について述べていきたい。

(1)「かかわり・つながりリスト」の活用に向けて
　「かかわり・つながりリスト」の作成後は、実際に、学校の教育実践現場でこのリストを活用してみることとなった。どのような活用方法があるかについて、特別支援学校に勤務する教員の皆さんで話し合っていただいた。話し合った内容については以下の通りである。
- 今年度、新転任の先生が特別支援学校へ多く異動してこられた。特に、通常学校でのご経験が中心だった先生方は、重度・重複障がいのあるお子さんとの接し方がわかりにくい先生もおられるかもしれないので、その先生に使っていただくのはどうか。
- 保護者と特別支援学校の教員の重度・重複障がいのある子どもたちの捉え方は異なるのではないか。また、そのことによって、「かかわり」や「つながり」の度合いや様子も変わってくるのではないか。それらを検討、考察していくのはどうか。
- 特別支援学校の先生方だけではなく、重度・重複障がいのお子さんが在籍する通常学校の特別支援学級の先生に使っていただくのはどうか。
- 特別支援学校の個別の授業で使ってみた場合と、集団の授業で使ってみた場合を比較するのはどうか。
- 居住地校交流の際に使用してみて、居住地校の子どもたちと重度・重複障がいのある子どもたちとのかかわりや人間関係の形成の様子を確認していくのはどうか。
- ボランティア活動に利用するのはどうか。

このように、特別支援学校の先生方からは、複数のアイディアが提案された。これらのアイディアに沿って、以下においては、実際に、「かかわり・つながりリスト」を使用した事例を取り上げる。

(2) 重度・重複障がいのあるお子さんのご家族と特別支援学校の教員との項目間の比較において
① 地域で重度・重複障がいのあるお子さんを支えるには

特別支援学校小学部に在籍するゆきちゃん（仮名）は、人工呼吸器、吸引、注入など日常的に高度な医療的ケアを要し、特別支援学校に入学するまでは、入院生活がほとんどのお子さんであった。ご家族には、「特別支援学校への入学を機に、自分以外の他の人にも子どもに関わってほしい」というご希望があった。

医療的ケアを要するお子さんが外出する際には、家族にとって移動の介助や医療機器の準備などで大きな手間や労力がかかるといわれている（泊他、2006）。また、真木（2004）は医療的ケアを必要とする在宅訪問指導を受けている重度・重複障がいのあるお子さんとお母さんについて触れ、母子というユニットが地域で孤立する傾向があることを指摘している。

学習指導要領で述べられている自立活動の「人間関係の形成」の目標をもとに、学習活動を行っていくのも重要であるが、重度・重複障がいのあるお子さんのご家族の負担を少しでも軽減するために、家族以外の教員や支援者が重度の障がいのあるお子さんやご家族の支援ができるように地域で考え、支えていくといった視点も重要であろう。

これらの支援を行うに当たり、その手がかりとして、今回作成した「かかわり・つながりリスト」を活用できないかと考えた。ゆきちゃんと長年関わっておられるご家族の「かかわり」の様子と、ゆきちゃんとはじめて関わる特別支援学校教員との「かかわり」の様子は、差異があるの

ではないかと推察された。それらを比較・検討していくことで、ゆきちゃんへの支援につなげていけるのではないだろうか。そこで、ゆきちゃんのご家族と特別支援学校教員それぞれで「かかわり・つながりリスト」の項目についてチェックしてみることとした。

② 「かかわり・つながりリスト」項目での比較
1 ）「かかわり」の領域において
✔ ご家族がつけた「かかわり」の領域の項目においては、すべての項目で4であった。
✔ 特別支援学校の教員がつけた「かかわり」の領域の項目でもすべての項目で4であった。

お互いの関わりの基礎的な項目については、ゆきちゃんは、普段から他者からの働きかけを受け止め、それに応じようとしている様子があることで、ご家族と特別支援学校の教員で一致していると考えられた。

2 ）「きもち」の領域において
✔ ご家族がつけた「きもち」の領域の項目のうち、「好き、悲しい、嫌などの感情を発声、表情、身体の動きのいずれかで伝える」の項目は、3であった。
✔ 特別支援学校教員がつけた「きもち」の領域の項目のうち、「好き、悲しい、嫌などの感情を発声、表情、身体の動きのいずれかで伝える」の項目は、3であった。

この差異は、以前、特別支援学校教員がゆきちゃんと一緒に活動した際に、「楽しかった？」と尋ねると笑顔で応えていたからである。しかし、体調にも左右される項目のため、「つながり・かかわりリスト」ではこのような状況の際には、下の自由記述欄に活動内容や様子を具体的に記入しておく必要があると考えられる。

✔ ご家族がつけた「きもち」の領域の項目のうち、「一人でいると不安がる」

の項目は、4であった。
- 特別支援学校の教員がつけた「きもち」の領域の項目のうち、「一人でいると不安がる」の項目は、3であった。

　この差異は、特別支援学校教員は、ゆきちゃんを一人だけにする活動経験が少ないということもあるが、ゆきちゃんがお母さんをとても大切に思い、慕っていることに起因するのではないかと推察される。

3）「つながり」の領域において
- ご家族がつけた「つながり」の領域の項目のうち、「周囲の人が注目するような行動を何度も繰り返そうとする」は、4であった。
- 特別支援学校の教員がつけた「つながり」の領域の項目のうち、「周囲の人が注目するような行動を何度も繰り返そうとする」は、4であった。

　これらの「つながり」の領域の項目の評価より、ゆきちゃんがご家族や特別支援学校教員に対して、「相手に関わってほしい」「自分を知ってほしい」というアピールをしているのではないかと考えられた。

- ご家族がつけた「つながり」の領域の項目のうち、「関わる人が『ちょうだい』というと、手に持っているものを放そうとする」は、3であった。
- 特別支援学校の教員がつけた「つながり」の領域の項目のうち、「関わる人が『ちょうだい』というと、手に持っているものを放そうとする」は、4であった。

　以前、特別支援学校教員と一緒に、「ビー玉を握って、放して」といった課題を行った際に、ゆきちゃんに「手を開いて」と声をかけると手を開く動きがみられたためである。このように、課題や活動の内容によっては、重度・重複障がいのお子さんの動きが出ることが推察される。

4）「ひろがり」の領域において
- ご家族がつけた「ひろがり」の領域の項目のうち、「静かな雰囲気の場所で声を出さずに静かに過ごそうとする」と「次の活動がはじまるまで、

しばらく座って待つことができる」は、5であった。
- 特別支援学校教員がつけた「ひろがり」の領域の項目のうち、「静かな雰囲気の場所で声を出さずに静かに過ごそうとする」と「次の活動がはじまるまで、しばらく座って待つことができる」は、4であった。

集団活動に関わるこの2つの項目に、「とてもよくある」が見られることは、ゆきちゃんの「集団活動を受けとめる力」が内在していることが予測される。

場合によっては、入院生活が長い重度・重複障がいのあるお子さんに、「主に担当する教員とのラポールを形成する上で、個別的なかかわりが重視されるべきではないか」といった意見が、特別支援学校の教育実践現場では、出るかもしれないが、今回のゆきちゃんの事例のように、重度・重複障がいのあるゆきちゃんの「友だちと一緒に活動したい」という気持ちを大切にしていく必要もあろう。

③「かかわり・つながりリスト」から考えられる学習活動と教材の提案

今回の「かかわり・つながりリスト」の項目に連動して、ゆきちゃんの普段の様子から、ゆきちゃんへの「友だちと一緒に活動したい」という学習活動と教材が特別支援学校教員から提案された。

- 「関わる人が名前を呼ぶと、その方向に視線を向ける」

体調によって覚醒レベルが左右されやすいゆきちゃんにとって、上記の項目は「覚醒レベルが高い状態で、呼名の際に、意図的に頭部を教員の方に向けた上で、さらに視線を向ける」といった身体の動きで表出することが条件となってくる。

重度・重複障がいのあるお子さんにとっては、これだけの身体の動きをするのにも相当なエネルギーが必要であると考えられる。

この項目では、相手との「かかわり」の様子を知ることが目的であるため、相手による呼名によっての応答関係が成立するとよい。それらの

応答関係を表出するために、意思による僅かな身体の動きを検知し、電気的信号を検知するスイッチが提案された。

④ **考察**

1) **重度・重複障がいのあるお子さんの家族と特別支援学校教員との「かかわり・つながりリスト」の項目評価の比較について**

今回、普段からゆきちゃんに関わっておられるご家族の「かかわり・つながり」の様子を知ることで、ゆきちゃんは、ご家族がおられないと不安に感じることや「相手に関わってほしい」といった気持ちをもっているのではないかと推察できた。このことは、音声言語でのコミュニケーションが難しいゆきちゃんの気持ちを少しでも理解することにつながった。

また、ゆきちゃんは、「静かな雰囲気の場所で声を出さずに静かに過ごそうとすること」や「次の活動がはじまるまで、しばらく座って待つことができること」など集団活動にも内在する力をもっていることがわかった。

子どもの発達を考えたとき、一般的に、学校の教員は「母子との愛着関係」から「他者とのかかわり」「校園での集団活動」「社会での活動」といった形で、段階に沿って考えていく傾向がある。今回の事例では、これまでの生活体験から、既に、ゆきちゃんは様々な力を内在している可能性が示された。このように保護者と協働しながら生活面全体の様子を通して包括的に人との「かかわり・つながり」について考えていくことは重要であろう。

2) **「かかわり・つながり」リストの項目に関連する教材の設定について**

特別支援学校の教員が従来の発達に関する尺度などを用いて、例えば「かかわる人が名前を呼ぶと、その方向に視線を向ける」といった学習目標を設定した際に、「この目標は覚醒レベルの低い子どもには難しいので、覚醒レベルが高い際には学習目標が達成される」といった考えや、尺度

と照合しながら「現在の発達の状況は〇〇である」といった形で捉える場合も散見される。

　ここで、前述したICF（生活機能と障害の国際分類）の視点を考えてみたい。

　ICIDH（国際障害分類）では、疫病に関する現象を「機能障害」「能力障害」「社会的不利」の3つに分類した。疫病によって機能障害が生じ、それらによって、能力障害や社会的不利が生じるという考え方である。

　特に重度・重複障がいのあるお子さんについて考える場合に、「機能障害によってもたらされた能力障害を訓練や学習によって改善、克服していく」といった「～ができるようになる」といった発想がなされることがある。今回の事例に沿って考えてみると、体調によって覚醒レベルが左右されやすいゆきちゃんにとって、「呼名の際に意図的に頭部を教員の方に向けた上で視線を向ける」といった上半身の大きな身体の動きで表出することは、相当なエネルギーが必要である。

　「かかわる人が名前を呼ぶと、その方向に視線を向ける」といった課題が「できるようになる」ためには、例えば、特別支援学校の教員が子どもの頭を介助して、他動的に名前を呼ばれた方向に頭を向けることや、大きな声で名前を何度も呼んで視線を向けたかどうかを判断するなどの手法がとられる場合がある。それらの手法を積み重ねることで「～ができるようになってくる」といった発想がなされる。

　確かに、このような発想も大切であるかもしれないが、このような訓練や学習を通して、重度・重複障がいのある子どもたちが「楽しい、おもしろい」「自分でやってみよう」と感じられるかどうかについては、疑問である。

　前述したように、ICFにおいては、「活動」に関係する「環境」そのものが「活動」に影響することが示された。

　今回の事例である「関わる人が名前を呼ぶと、その方向に視線を向ける」

といった課題についてICFの「環境要因」の視点で検討してみると、ゆきちゃんが「覚醒レベルが高い時でないと難しい」、「名前を呼ぶと意図的に頭部を教員の方に向けた上で視線を向けるといった上半身の大きな身体の動きはなかなかできにくいので難しい」と普段の身体的な状況で判断するのではなく、「Aさんがより少しの力で学習課題を行いやすくするにはどうしたらよいか」といった環境設定や発想の転換も必要だということである。

3）まとめ

今回のゆきちゃんの事例では、「かかわり・つながりリスト」を活用した重度・重複障がいのあるご家族と特別支援学校教員との協働による発達支援について述べてきた。ご家族と特別支援学校教員が協働でゆきちゃんの普段の生活の様子を包括的に捉えることで、特別支援学校教員は、よりお子さんの様子を知ることができたといえる。さらに、特別支援学校教員がICFの「環境要因」の視点で学習活動についても検討したことは、関わる側の省察が実践の場で促されたということがいえよう。

（3）特別支援教育コーディネーターによる「かかわり・つながりリスト」の活用事例

①「かかわり・つながりリスト」の活用の検討

山田先生（仮名）が特別支援教育コーディネーターをしている特別支援学校には、今年度、新しく赴任された先生が多く、これまで特別支援教育に携わった先生方も数名おられたが、中には、小学校や中学校での教育経験がほとんどの場合や、教育現場での仕事そのものが初めてという先生も何名かおられた。

特別支援学校において、重度・重複障がいのあるお子さんに関わる経験において微細なコミュニケーションを受け止めていくことは、今後、様々な教育現場を経験する中できっと生かされる場面があると考えられ

る。特別支援教育について、「経験が浅い」「経験がない」先生方もいち早く児童生徒の実態を把握し、個別の指導計画を作成し、日々の教育活動にあたらなければならない。子どもたちの特性は実に様々である。目の前の子どもたちにとって何が課題であるか、年度当初の4月から早急に判断していかなければならず、判断材料としての確認リストがあれば、と山田先生は、常々考えておられた。

山田先生は、特別支援教育コーディネーターの立場で、教育現場自体が全く初めてである原田先生（仮名）に、マンツーマンで特別支援学校の仕事や子どもたちの特性を伝える役割を担ったが、この「かかわり・つながりリスト」は、そのような原田先生が重度・重複障がいのある子どもたちの特性を知る上で生かされるのではないかと考えた。

そこで、山田先生は、教育現場が全く初めての原田先生が「かかわり・つながりリスト」を用いた際の一ヶ月間の変化を検討し、なぜそのような変化に至ったのかを考察することにした。

② **研究方法**

「かかわり・つながりリスト」を教育現場自体が全くはじめての山田先生に、赴任直後にチェックしていただいた。そして一カ月後に、再度チェックしていただき、重度・重複障がいのある中学部の純子さんへの関わりの視点の変化について検討した。「なぜ項目におけるポイントが変化したか」についても、原田先生ご本人に対して、山田先生による半構造化インタビュー調査を行われた。

③ **「かかわり・つながりリスト」を用いた際の一か月後の変化**

教育現場が全く初めての原田先生が「かかわり・つながりリスト」を用いた際、赴任直後と一か月後で次のような変化が見られた。

1）**ポイントが増加する変化について**
➢「かかわり」の領域において
✓「関わる人の動きを目で追う」の項目が3から4に増加した。

- ✔「周囲の人が活動している際に、周囲の人の様子を見る」の項目が3から4に増加した。

➢「きもち」の領域において
- ✔「好き、悲しい、嫌などの感情を発声、表情、身体の動きのいずれかで伝える」の項目が4から5に増加した。
- ✔「周囲の人にほめられると、うれしそうな表情をする」の項目が3から4に増加した。

➢「ひろがり」の領域において
- ✔「2、3人の人と、20分以上一緒に活動することができる」の項目が3から4に増加した。
- ✔「次の活動がはじまるまで、しばらく座って待つことができる」の項目が3から4に増加した。
- ✔「『ダメ』などと注意されると、現在している行動をやめる」の項目が2から5に増加した。
- ✔「周囲の人と場を共有して活動することができる」の項目が2から3に増加した。

2）ポイントが減少する変化について
➢「かかわり」の領域において
　「関わる人の表情に応えて、表情を変化させる」の項目が4から2に、減少した。

➢「きもち」の領域において
- ✔「好き、悲しい、嫌などの感情を発声、表情、身体の動きのいずれかで伝える」の項目が5から4に、減少した。
- ✔「周囲の人にほめられると、うれしそうな表情をする」の項目が4から

3に減少した。
- ✓「一人でいると不安がる」の項目が3から1に減少した。
- ✓「関わる人に対して、声を出したり、ほほえんだりする」の項目が5から3に減少した。

➢「つながり」の領域において
- ✓「周囲の人が注目するような行動を何度も繰り返そうとする」の項目が、4から3に、減少した。
- ✓「関わる人が『ちょうだい』というと、手に持っているものを放そうとする」の項目が5から4に減少した。
- ✓「周囲の人が持っているものがほしい時、発声、表情、身体の動きのいずれかで伝える」が4から3に減少した。
- ✓「関わる人が顔を近づけると、同様に顔を近づけようとする」の項目が3から2に減少した。
- ✓「できないことがある場合、周囲の人を頼ろうとする」の項目が5から3に減少した。
- ✓「周囲の人の様子を見て、行動する」が3から2に減少した。

➢「ひろがり」の領域において
- ✓「活動の際に、順番を待つ」の項目が4から3に減少した。
- ✓「2、3人の人と、20分以上一緒に活動することができる」の項目が4から3に減少した。
- ✓「静かな雰囲気の場所で、声を出さずに静かに過ごそうとする」の項目が3から2に減少した。
- ✓「もう一人の友だちと、数分間やりとりができる」の項目が2から1に減少した。
- ✓「概ね、周囲の人の指示に沿った行動をしようとする」の項目が4から

1に減少した。
✔「周囲の人のまねをして、ルールに従おうとする」の項目が3から2に減少した。

④ 新しく特別支援学校へ赴任してこられた先生への半構造化インタビュー調査について

　新しく特別支援学校に赴任してこられた原田先生に、特別支援教育コーディネーターの山田先生が、以下の項目について、半構造化インタビュー調査を行ったが、以下のような意見をいただいた。

1）重度・重複障がいのある純子さんと初めて関わって一か月間で感じたことや気づいた点について

　「思った以上に、純子さんと溶け込みやすい雰囲気でした。もっと一つ一つの動作や支援の仕方があるのかと思っていましたが、まずフランクにやってみることができました。毎日がとても楽しいです。自分が思っていることでやっていいことや、いけないことをどこまで厳しく言っていいのか、どこまで援助すればいいのか模索しています。言語での会話が難しいため、声のかけ方やコミュニケーションの取り方がわからず、とても緊張しました。しかし、この場面では、純子さんがこのような反応を返してくれるということがわかってくると楽しくなってきましたし、純子さんのご家族の気持ちも少し理解できるようになってきました。

　子どもたちは、私たちが思っている以上にわかっていることが多いと思います。また、私たちが見出していない力もあると思います。話しかけても視線が合いにくいお子さんもおられますが、こちらをよく見てくれるお子さんもいました。聞けば聞くほど、表情で何を言っているかわかりやすくなりました。これからももっと勉強したいと思います」と純子さんと関わることの楽しさや今後の授業での課題や抱負について、語っていた。

2) ポイントの変化について

「ポイントが増加する理由ですが、『かかわり』の領域では、『関わる人の動きを目で追う』が3から4に、『周囲の人が活動している際に、周囲の人の様子を見る』が3から4に変化しました。この変化は、両方とも共通して日が経つにつれて、純子さんへの見方に変化があったからです。一回目の質問は、イメージで回答している部分が多かったのかもしれません。『きもち』の領域では、『好き、悲しい、嫌などの感情を発声、表情、身体の動きのいずれかで伝える』が4から5に、『周囲の人にほめられると、うれしそうな表情をする』が3から4に変化しました。赴任して純子さんと接する時間が増えると、純子さんが自分の意志で私に伝えることが増えました。純子さんは、ほめられると一緒になって拍手をします。それが楽しくなって笑顔になったのだと思います。『ひろがり』の領域では、『2、3人の人と、20分以上一緒に活動することができる』が3から4に、『次の活動がはじまるまで、しばらく座って待つことができる』が3から4に、『「ダメ」などと注意されると、現在している行動をやめる』が2から5に、『周囲の人と場を共有して活動することができる』が2から3に変化しました。これが、ペアで行う授業や集団で行う授業の実施回数が増えるに従って、私自身の純子さんへの感じ方や見方が変わったからです。一方、ポイントが減少した理由は、純子さんと関わる中でじっくり考えると考えなおした項目がいくつかあったためです。特に大きく変化している項目は、そのように考える場面があったためです」とポイントの変化の様子を語っていた。

一般的に、心理的な尺度においては、評定が低下するとネガティブな捉え方になる可能性もある。例えば、「かかわり方がよくないので、評定が下がっている。もっと新転任の教員として、研鑽をつまなければならない」という発想である。しかし、原田先生は、「かかわり・つながりリスト」を用いた結果、自分のパースペクティブが変化したと述べている。

このような原田先生自身の省察や、特別支援教育コーディネーターの山田先生によるメンターとしての暖かい見守りは、特別支援教育における教育実践を行う上で、重要な営みではないだろうか。

3）「かかわり・つながり」リストの活用方法について

「このようなリストを用いて、何度か定期的に実施すれば、もっと細かい生徒の変化に気づき、もっと純子さんのことを理解する上で役に立つと思います」と「かかわり・つながりリスト」による重度・重複障がいのある子どもたちの理解を示唆する意見がみられた。

⑤ 考察

山田先生の研究においては、学校教育での現場が全く初めての状況で、新しく特別支援学校に赴任してこられた原田先生の「かかわり・つながりリスト」を用いた際の一か月間の変化と、原田先生本人への半構造化インタビュー調査の結果に検討が加えられた。重度・重複障がいのある純子さんへの関わりや活動の体験が増加するに従って、原田先生の純子さんへのまなざしが変わってきているということが示唆された。学校教育での現場が全く初めてという状況である原田先生の特別支援学校への第一印象では、「言語での指示がどこまで生徒に伝わるか」ということや、「生徒が何を伝えようとしているのかということを知りたいがつかみきれない」という状況だったようだ。しかし、「かかわり・つながりリスト」を用いて、純子さんの発声、表情、身体の動きなどをきめ細かく観察するように変容していった。

また、それとともに、原田先生と純子さんとの信頼関係が生まれ、純子さんから原田先生へのコミュニケーションやアプローチも増えているということもわかった。さらに、純子さんとの関わりの中で、純子さんのご家族の気持ちも理解していることがわかった。原田先生が「このようなリストを用いて、何度か定期的に純子さんとの関わりの様子を確認すれば、もっと細かい純子さんの変化に気づき、もっと純子さんのこと

を理解する上で役に立つと思います」と言っておられるように、年度初めのアセスメントだけではなく、定期的に、重度・重複障害のある子どもたちとの人間関係の形成の状況を確認することで、より深い子どもたちへの理解につながっていくのではないかと考えられる。

(4) ボランティア活動における活用の可能性

ここでは、高橋(2011)について、「かかわり・つながりリスト」のボランティア活動における活用の可能性について検討を加える。

① グループ・インタビュー調査の実施

研究方法としては、グループ・インタビュー調査を用いた。重度・重複障がいのある子どもに関わる可能性がある支援者の「なまの声」を把握するためには、量的調査や個別のインタビュー調査が用いられることがあるが、グループインタビュー法とは、「グループダイナミクスを用いて質的に情報把握をする方法で、複数の人間のダイナミックなかかわりによって生まれる情報を、系統的に整理して科学的な根拠として用いる方法」(安梅、2001、p.1)である。

この研究では、会議が可能な静かな部屋で、グループインタビュー協力者(以下、協力者)に対して、「グループインタビューの目的」、「個人が特定されないなどの倫理的配慮」、「インタビュー調査への参加は、自由意思に基づくこと」について説明を行い、参加者の承諾を得て録音を行った。インタビュー中は番号札を協力者の名前の代わりにすることで、個人が特定されない形で発言や討議ができるように配慮した。協力者は、複数の大学の学生で構成されているAグループ、Bグループ(各6名ずつ)。Aグループは介護等体験で重度・重複障がいのある子どもに初めて関わる大学生のグループ、Bグループは、1年〜5年間の障がい者支援ボランティアの経験のある学生のグループであり、障がいのある学生も含まれていた。

第5章 「かかわり・つながりリスト」と活動プログラム

　内容は、「かかわり・つながりリスト」を各協力者に提示したうえで、リストの所感とボランティア活動での利用可能性を中心にした。録音された記録から正確な逐語録を作成した。その逐語録をグループ毎に「かかわり・つながりリスト」のボランティア活動での利用可能性に関する重要な発言やことば（重要アイテム）を特別支援学校・特別支援学級の勤務歴のある評価者3名（以下、評価者3名）で抽出した。それらの重要アイテムから、類型化（重要カテゴリーの抽出）を行った。さらに、各グループの重要アイテム、重要カテゴリーをマトリックスの形に整理し、複合分析を行った。尚、グループインタビューでの発言を、論文及び報告書といった研究目的で用いられることについて、同意書を得た。

　介護等体験学生の意見としては、以下のようなものがあげられた。
➤「かかわり」や視線の動きや表情の変化は、子どもたちの反応を見る上で最も重要であると思います。一番近いというか、よく思いだす。音への気づきなど…。「かかわり・つながりリスト」にある「身振り」「手振り」や「ちょうだい」「ありがとう」「ばいばい」ということばにもとてもよく反応していました。自分以外の周囲の人を子どもたちが気にしていた様子が見られました。集団の中で、他の子どもや先生のことばもよく聞いている様子でした。
➤「きもち」の部分で、声を出すのが難しい子どもと関わっていましたが、「かかわり・つながりリスト」の項目にもあるように、笑顔などの表情で反応してくれました。少しでも声を出して「ありがとう」や「はい」を行動で示しているようでした。気持ちを伝えたいというのが伝わってきました。いつも担当している先生がいないと、不安がってきょろきょろしていました。いろんな先生と廊下ですれ違うたびにいろんな表情を見せてくれることもありました。2、3人で授業を受けたときも、その子と一緒に何かをしようというか自分から近寄っていく様子が見

られましたし、なんだかとても一人だけじゃなく、「みんなでやろう」という意思が伝わってきました。

➢ 「笑って」というと、ニコッと笑ってくれたり、嫌な時は首を振ったり、そういう感じで自分の気持ちを伝えているなと思いました。子どもたちは、話を結構理解している様子がわかりました…。「やって下さい」というとちゃんと理解してくれるし、「ノートを開いて下さい」というとちゃんと開こうとしたり、会話にはならなくても、うれしかったら笑ってくれたり「きもち」というのは伝わるなと思いました。先生がいなかったら不安そうにしていたり…、先生が「一人でやって」というと嫌そうにしていたり…。「やって」というとがんばっている姿もいっぱいありました。関わる側が変わると本人も変わるというのがわかりました。

➢ 子どもたちは、ことばでものを伝えることが少ないと思ったんですけど、周りの先生方を見たときに、ことばではなく、しっかり目でやりとりを行っていたと思いますし、視線をしっかり向けていたと思います。自分が今、食べたくない場合や、食べたいものがある場合は、ことばではなくしっかり目や表情や身体の動きで伝えようとしていたと思います。「だめ」というのも理解していたように思いました。

グループインタビューの結果、本リストのボランティア活動での利用可能性について、複合分析した結果、表5-1のようになり、本リストのボランティア活動での活用方法としては、「障がいのある子どもを理解するツール」「障がいのある子どもとの関係形成の促進を目的としたツール」「支援上の評価ツール」があげられた。課題としては、「実践現場に応じた領域別の使用の検討」があげられた。

② **障がいのある子どもを理解するツールとしての活用**

Aグループ、Bグループの双方の協力者から意見として述べられてい

たのが、「重度・重複障がいのある子どもの理解において利用できる」ということであった。特に、「障がいのある子どもに関わったことのない人への導入的なツールとして利用できるのではないか」という意見が複数述べられていた。また、「介護等体験活動前にあらかじめ、支援上の視点を明確化することで障がいのある子どもに関わりやすくなるのではないか」という意見も述べられた。

③ **障がいのある子どもとの関係形成の促進を目的としたツールとしての活用**

　Aグループ、Bグループの双方の協力者から述べられていたのが、障がいのある子どもとの関係形成の促進のツールとしての活用であった。具体的には、「障がいのある子どもと障がいのない子どもとの関係形成の促進」「支援ボランティアと障がいのある子どもとの関係形成の促進」に関するものであった。

④ **支援上の評価ツールとしての活用**

　Aグループの協力者からは、「介護等体験前と介護等体験後の効果測定や省察のツールとして使用できるのではないか」という意見が述べられた。Bグループの協力者からは、「第三者がボランティアの支援を評価する際に用いられるのではないか」という意見があげられていた。

⑤ **実践現場に応じた領域別の使用の検討**

　特に、現在障がいのある子どもへの支援ボランティア活動を行っているBグループの協力者から述べられていたのが「子どもによって特性が異なるので、項目によってあてはまるものと当てはまらないものがある」という意見であった。特に多様な特性を有する重度・重複障がいのある子どもにとっては、実践現場に応じた領域別の使用も検討が必要ではないかという意見である。

表5-1 「かかわり・つながりリスト」のボランティア活動での使用に関する2グループの統合分析

ID	ボランティア経験	Aグループ 重要アイテム	重要カテゴリー
1	・震災、交通事故等による遺児の奨学金募金活動 ・多文化共生語学サポーター	・「かかわり」の上で視線の動きや表情の変化は重要。 ・介護等体験実習前は、体験をとても不安に思っていた。リストで関わりの視点を具体化できる。 ・通常学級での障がいのある子どもとない子どもの関わりの促進に利用できる。 ・特別支援学校の支援ボランティアに活用できる。	・関わりの視点の具体化 ・障がいのある子どもとない子どもとの関係形成の促進 ・特別支援学校向けボランティアでの活用
2	・子ども向けイベントボランティア ・災害地域の高齢者支援ボランティア	・声を出すのが難しい子どもと関わっていたが、項目にある笑顔などの表情で応答してくれた。担当の支援者がいないと、不安がって周囲を見渡していた。 ・障がいのある子どもに対する周囲の理解や啓発に用いることができる。公共交通機関などの利用を見ると、周囲の人が障がいのある人に驚く様子がある。まず、関わりがないとどうしても関係が希薄になる。 ・支援ボランティアをする際に導入として利用可。	・非言語でのコミュニケーション、意思表示 ・障がいのある子どもの理解 ・支援ボランティアの導入ツール
3	・中学校の総合的な学習でのゲストティーチャー（体験談の語り） ・高齢者施設での外出活動ボランティア	・関わっている子どもは、会話にはならなくても、うれしかったら笑ってくれた。「きもち」は伝わる。 ・障がいのある子どもの通常学級での様子を保護者に伝える上でリストは有用である。障がいのある子どもに対する周囲の理解や啓発面で、「関わりの導入」として活用できる。 ・ボランティア活動の動機づけとして利用できる。	・非言語でのコミュニケーション、意思表示 ・障がいのある子どもの理解 ・支援ボランティアの導入ツール

第 5 章 「かかわり・つながりリスト」と活動プログラム

ID	ボランティア経験	Aグループ 重要アイテム	重要カテゴリー
4	・高齢者支援ボランティア ・小・中学生向けスポーツ教室ボランティア	・関わった子どもは自分の意思表示をことばではなくしっかり目や表情や身体の動きで伝えていた。集団の活動でも他の子どもの様子を見ていた。 ・普段生活していて、感じることがたくさんあると思うが、文章化は必要である。 リストの5段階の表現で関わり面での弱い部分を検討できる。 ・ボランティア上で利用可。	・非言語でのコミュニケーション、意思表示 ・関わりの度合いの測定 ・支援ボランティアでの活用
5	・幼児向け体験活動ボランティア	・関わった子どもは名前を呼ばれるとその方向を見ていた。「渡して」という声かけに、渡そうという気持ちが見られた。 ・介護等体験前と体験後で自分の気持ちの変化を知る上で、リストが活用できる。	・非言語でのコミュニケーション、意思表示 ・介護体験上の効果測定、自己の省察
6	・ホームレス支援ボランティア ・貧困家庭の子どもへの学習支援	・関わった生徒は、項目10の「頼ろうとする」様子も見られた。 ・介護等体験の前にこのリストを見て、関わる子どものどこをみようという視点を押さえることで体験が実施しやすい。 ・介助面での利用ではなく学習面での利用が望ましい。	・非言語でのコミュニケーション、意思表示 ・介護体験上の視点の抽出 ・学習面での利用

	Bグループ		
ID	ボランティア経験	重要アイテム	重要カテゴリー
1	障がいのある子どもの支援ボランティア3年間	・項目によって、現在行っているボランティア活動の子どもに当てはまるものもある。 ・ボランティアと障がいのある子どもとの信頼関係によって左右される。 ・子ども同士の活動では「ひろがり」の項目は難しい場合もあるが、大人を介すると可能な場合もある。 ・子どもとボランティアとの関係形成目的で使用できる。	・実践現場に応じた領域別の使用の検討 ・子どもとの信頼関係 ・大人の介在 ・子どもとボランティアの関係形成の促進
2	障がいのある子どもの支援ボランティア4年間	・関わる子どもによって使える項目と使いにくい項目がある。場や時によっても異なる。 ・「かかわり」の部分の項目は、現在行っているボランティア活動では使えるが、「ひろがり」の部分では難しい項目がある。 ・「きもち」の部分は、現在行っているボランティア活動で支援している子どもにとてもあてはまる部分がある。 ・第三者の人が客観的に子どもとボランティアの関わりを見る際に使える。	・状況による子どもの変化 ・実践現場に応じた領域別の使用の検討 ・第三者による支援の評価
3	障がいのある子どもの支援ボランティア5年間	・関わる子どもによって特性が違うので、リストを使いにくい子どももいる。 ・「ひろがり」については、身体の自由度に直結している部分がある。 ・重度・重複障がいの子どもと出会う体験は少ないのでとっかかりにはなる。 ・項目の見方によっては、「できる、できない」という偏見にもなりえる。	・実践現場に応じた領域別の使用の検討 ・障がいのある子どもの理解 ・リストを使用する際の留意点

第5章 「かかわり・つながりリスト」と活動プログラム

		Bグループ	
ID	ボランティア経験	重要アイテム	重要カテゴリー
4	障がいのある子どもの支援ボランティア1年間	・関わる子どもによって特性が違うので、リストを使いにくい子どももいるが、基本的にはこのリストはボランティア活動に使えると思う。	・実践現場に応じた領域別の使用の検討
5	障がいのある子どもの支援ボランティア1年間	・現在のボランティア活動は、マンツーマン支援が中心なので、「ひろがり」の部分の「協力して活動する」といった項目には使いにくい。 ・初めて障がいのある子どもに関わる人にとっては、子どもを理解する上で役に立つ。	・実践現場に応じた領域別の使用の検討 ・支援ボランティアの導入ツール
6	障がいのある子どもの支援ボランティア1年6か月	・関わる子どもによって特性が違うので、リストを使いにくい子どももいる。	・実践現場に応じた領域別の使用の検討

（4）今後のリストの活用に向けて

　重度・重複障がいのある子どもたちが「生きる力」を育むためには、子どもたちの周囲にいる他者の存在や他者との豊かな人間関係の形成を考える必要がある。

　以前、筆者は、障がいのある人の地域生活支援に携わっている方からお話を伺う機会があった。その際、「障がいのある方が地域で生活していく上で必要なもの」として、『何かあったときに助けを求めることができる力』や『ひとりで時間をすごすことができる力』があります。また、人間関係の広さも重要です。何かあった時に本人のことを気にしてくれる人、知ってくれている人がいることは心強いです。ご家族の老後のことを考えるとこのような力を幼少期から身につけていくことは大切です。」という話題提供があった。

　今回作成した「かかわり・つながりリスト」には、障がいのある方が地域で生活していく上で大切な項目もいくつか入っている。今後、子どもたちの「生きる力」を育み、「地域で生活する力」を身につける上でも何らかの活用ができればと考える。

　このリストの活用先には、特別支援学校以外にも、特別支援学級や小中学校で障がいのあるお子さんに関わろうとする先生方や子どもたち、支援サポーター、学校ボランティアの皆さんも考えられる。

　重度・重複障がいのある子どもたちが生き生きとした生活を送ることができるためには、周囲の人々とのかかわりやつながりも大切であろう。お互いを知り、関係が結ばれていく社会であってほしい。

【付記】

　　本章は、高橋眞琴（2012）「かかわり・つながりリストを用いた活動プログラム」『宝塚市立教育総合センター研究紀要』第84号、高橋眞琴（2011）「重度・重複障がいのある子どもとの『人間関係の形成』に関する支援者の視点（第2報）

『かかわり・つながりリスト』の作成を中心として」『神戸大学大学院人間発達環境学研究科研究紀要』第 5 巻第 1 号、pp.31-38. という一連の研究に、プログラムにおける視覚的な支援にも活用可能な状況図もジアース教育新社編集部・デザイナーの支援を得て作成し、再構成したものである。

❖ 引用・参考文献

安梅勅江（2001）『ヒューマンサービスにおけるグループインタビュー法：科学的根拠に基づく質的研究法の展開』医歯薬出版、p.1.

高橋眞琴（2011）「かかわり・つながりリストの活用について」『宝塚市立教育総合センター研究紀要』第 83 号、pp.52-69.

高橋眞琴（2012）「かかわり・つながりリストを用いた活動プログラム」『宝塚市立教育総合センター研究紀要』第 84 号．

高橋眞琴（2011）「重度・重複障がいのある子どもとの『人間関係の形成』に関する支援者の視点（第 2 報）『かかわり・つながりリスト』の作成を中心として」『神戸大学大学院人間発達環境学研究科研究紀要』第 5 巻第 1 号、pp.31-38.

泊祐子・長谷川桂子・石井康子・豊永奈緒美・普照早苗・大野久美・近松由美子・箕浦直美・池戸晴美（2006）「主たる介護者への面接調査による重度重複障害のある子どもの活動性の促進に関する研究」『岐阜県立大学紀要』第 7 巻 1 号、p21.

真木典子（2004）「在宅重度重複障害児・者の母親の心理とサポートのニーズに関する一研究」『九州大学心理学研究』第 5 巻、p263.

第6章

五感を生かした豊かな学習を目指して
「ふれる・かんじる」のプログラムを通して

1. 重度・重複障がいのある子どもたちのよりよい学習に向けて

　現在、重度・重複障害のある子どもたちのよりよい学習方法の検討が求められている。平成26年度の特別支援教育資料「重複障害学級在籍状況の推移（特別支援学校小・中学部）―国・公・私立計―」によると、平成26年度は、37.7%となっており、40%近い子どもたちに「重複障害」があることがみてとれる。（文部科学省、2015）。

　重度・重複障がいのある子どもたちの多くは、中枢神経系の障害に起因する体温の自己調節の困難さやてんかん発作などの諸問題を持っていることに加え、運動・認知・言語・社会性などのすべての領域での発達障害が見られることが多い。また、身体の状況から吸引や経管栄養などの医療的ケアを必要とする児童・生徒も多い。そのため、医療と連携した専門性の高い機能改善や発達段階に応じたスモールステップでの指導が主たる教育方法となっている。重度・重複障がいのある子どもたちが多く在籍する特別支援学校（肢体不自由）での教育内容は、主に、身体の動き」に関する学習や、食事・排泄・移動・衣服の着脱等の日常生活動作の学習、AAC機器[1]の操作・発語練習などコミュニケーション面の学習などがあげられる。これらの個々の児童・生徒の障がいの状態や発達段階に即した自立活動（徳永、2005）を主とした学習では、個別の指導計画を作成することが規定されている（文部科学省、2007）。子どもたちの特性のアセスメントを行い、学習目標を設定し、指導計画に沿って学習目標を達成できるように授業で実践し、その結果を的確な評価を行い、次の実践につなげていくといった方法である。

　しかし、近年、他者のいる具体的な活動に本人が参加する中で、「他者のようにしてみたい」という思いが育つことや、指先を使った活動が増進されるといった視点（木下、2006、p.7）のように、対人関係の中で生じる本人の動機と本人の手指操作は相互に関連しており、周囲の友人と

豊かなつながりや集団を形成することの重要性とそれによる学びの促進が示唆されている。

2. 子どもたちの「生きる力」を育む教育とは

文部科学省（2009）によると「生きる力」とは、①基礎的な知識・技能を習得し、それらを活用して、自ら考え、判断し、表現することにより、様々な問題に積極的に対応し、解決する力、②自らを律しつつ、他人とともに協調し、他人を思いやる心や感動する心などの豊かな人間性、③たくましく生きるための健康や体力などをあらわした力とされる。

重度・重複障がいのある子どもたちの学習においても「自分もやってみたい」と「主体的に」学習する意欲を高めることや達成感、自己肯定感の醸成をはかることが重要であると考えられる。また、子どもたちが主体的に学習したり、社会参加を行ったりするためには、必ず、子どもたちの周囲にいる他者の存在や他者との豊かな人間関係の形成を考える必要がある。

それでは、子どもが「主体的」であるというのはどのような場面を指すのであろうか。

鯨岡（2006、pp.58-61）は「子どもが主体的に見えるのはどのようなときか」において、「活動主体として登場する場面」、「意図や要求など自分の思いを伝える場面」、「認められて喜ぶ場面や認めてほしい場面」、「養育者や保育者との思いとのズレが際立つなかで自分を押しだす場面」、「養育者と自分の思いがぶつかるときに、子どもの側から折り合いをつけようとする場面」、「養育者の思いと自分の思いがぶつかるときに、交換条件を出すなどの駆け引きをしたり、自分が譲歩したり、逆に甘えこんだり、等々、子どもの側からその状況に折り合いをつけようとする場面」、「自分から遊びを提案したり誘ったりする場面」などをあげている。この「主

体的」という概念からは、子どもたちが能動的、積極的に活動する場面が想起される。

　一人ひとりの子どもたちが「主体的」に学習することとは、指導者や子どもたち同士が相互の意思表示を尊重しあうことが基盤となっている。またそれは、重度・重複障害のある子どもたちの学習に限らず、様々な教育実践においてもいえることで、学習時の子どもたちのきめ細やかな意思表示の読み取りや指導者とのコミュニケーションが重要であると考えられる。

3. 重度・重複障がいのある子どもたちの社会的相互作用について

　子どもたちが状況に対して意味づけを行い、他者の意味づけを解釈し、それに対して反応する事象を「社会的相互作用」と呼ぶ。重度・重複障がいのある子どもたちの社会的相互作用を検討していく際に、1歳未満の乳児がもつ社会的相互作用についての研究方法が重要な手がかりになるとする研究がある。つまり、「自己と他者の分化」「他者との二項関係の成立」「リーチングなどの自分の自体による操作」「物との二項関係の成立」「物を介した他者との三項関係の成立」「他者意図の理解」といった段階をどのように発達させていくかといった視点である（徳永、2005）。

　Meltzoff & Gopnik（1993）は、模倣について述べ、他者の行為を模倣し、実際に自己の身体を使って体験してみることで、他者の心を理解することにつながると述べる。桜井（2006）は、乳幼児の動機付けの発達にとって、応答的環境が重要であり、幼児期においては、他者からの受容感、有能感、好奇心行動の間の相互関係について検討を行った結果、幼児期（5、6歳）においては、仲間との関係の方が、養育者との関係よりも子どもの有能感に与える影響が大きいとし、この有能感が好奇心活動を高めることを

第6章　五感を生かした豊かな学習を目指して「ふれる・かんじる」のプログラムを通して

見出した。

　これらの乳幼児期の発達と研究成果を参照すると、同一物を共有する他者の存在、モデルとすべき他者の存在、有能性をもたらす仲間との関係は重度・重複障がいのある子どもたちの学習と発達に有用であると予測される。

　以上の面から、「子どもたちが主体的に学習し他者との豊かな人間関係の形成につながっていくか」、「子どもたちの身体の状況や生活年齢も加味しながらその内在する能力をいかに引き出していけるか」といった視点の学習環境の設定や方法についての研究も、重度・重複障がいのある子どもたちの教育においては、必要であると考えられる。

4.　「ふれる・かんじる」のプログラム

(1) プログラムの概要について

　人間の五感を通じた豊かな体験や、子どもたちと子どもたちの支援を行うサポーター役、プログラム実践者が共に場を楽しみ、共感しあうことで、互いの情動が共有され、子どもたちに内在する力や可能性が引き出されていくのではないかという仮説の上に、プログラムを検討していくこととなった。教材については、触覚・嗅覚・味覚・視覚・聴覚に訴えるものを用い、子どもたちの期待感が持てるようなストーリー性のある展開を心がけた。また、活動の導入時には、手足の触圧を介した相互交渉（図6-1）を行った。この相互交渉は、障害を起因とする子どもたちの手足の感覚過敏及び鈍磨の軽減を図り、触圧を通してサポーター役に「もう一度行ってほしいところ」や「気持ちよかったところ」などを子どもたちが視線や表情、ことばで伝えることを目的としている。子どもたちの身体的な状況を考慮し、触圧の手技については感覚統合の研究者からの示唆をを得た。

図6-2は、「ふれる・かんじる」の概念図、図6-3は「ふれる・かんじる」の学習環境のイメージである。支援者と子どもたちがお互い関わり、同じ五感を通した活動を共感しながら、情動を共有することをイメージしている。また、場の中の子どもたち同士のやりとりも自然と生起していく。

　表6-1は、各回のプログラムの案(例)である。毎時の学習活動案を立て、事前にサポーター役に学習活動案を配布して授業実践を行う。サポーター役は、それに基づいて、子どもたちの活動中の目標設定を行い、実際の活動中には子どもたちの支援を行い、かけ声などで授業を盛りたてる雰囲気を作り、授業の終了後は子どもたちの学習の様子を記録する役割分担がなされるティーム・ティーチングの形態がとられている。プログラム実践者とサポーター役は事後の学部研究会などで授業の様子の意見交換などを行う。

　プログラム実践者やサポーター役間で気付かなかった子どもたちのサインや相互交渉を細やかに捉えることができることは、特別支援学校以外の他の教育実践においても生かせると考えられる。

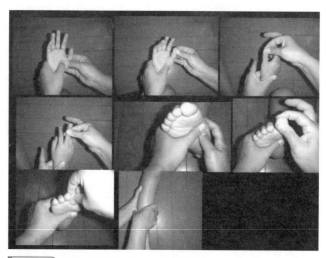

図6-1　手足の触圧を介した相互交渉

第6章 五感を生かした豊かな学習を目指して「ふれる・かんじる」のプログラムを通して

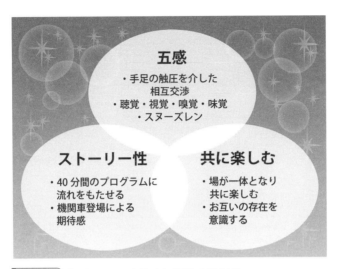

図6-2 「ふれる・かんじる」実践の概念図

図6-3 「ふれる・かんじる」の実践の学習環境イメージ

表6-1 「ふれる・かんじる」の学習活動案（例）

活動内容	ねらい	子どもたちの発達的視点に基づく目標	支援上の留意点	使用教材等
1. はじめのあいさつ プログラム実践者のあいさつを聞き、サポーター役とそれぞれあいさつを行う。	・「始まり」の理解を促す	・両手をサポーター役が差し出した手に重ねる。(A) ・両手の間からサポーター役の顔が出てくることを予測して待ち、サポーター役と目を合わせる。(B) ・左手をサポーター役が差し出した手に重ねる。(C) ・呼名に対して視線を向けようとする。(D) ・呼名に対して右手をあげようとする。(E)	・子どもたち自身がプログラムの始まりを感じ取れるようにする。	チャイム
2.「キュッキュッ体操」 A. 足裏の触覚を通した相互交渉 B. 手指の触覚を通した相互交渉	・期待感を持たせる活動により、上肢を使った動きを促す。 ・触圧の受け入れを促す。	・支援を受け、手指でパペットのついたロープを握り、引こうとする。(AB) ・手指でロープを握ることを受け入れる。(CE) ・手指、足の各部の促通的触圧を受け、感情を表情や発声で表現する。(ABCDE)	＊かけ声を行う。 ＊楽しい雰囲気を出す。	・CD ・パペット ・ロープ
3.「大きな栗の木の下で」 A. 機関車の登場 B. 大きな栗の木を発見 C. 歌遊び ①歌をみんなで輪になって歌う。 ②お互いに手遊びを行う。 ③ギターの弦に触れる。	・事物を追視する力を養う。 ・模擬樹木にかかっている布を全員で引くことで模擬樹木への意識付けを行う。(事物の永続性) ・擬態語の模倣を促す。 ・手遊びにより他者への意識付けを行う。 ・音声への興味を促す。 ・音の受け入れを促す。	・機関車に視線を向けようとする。(ACD) ・約3m移動する機関車を追視する。 ・模擬樹木にかかっている布を、支援を受けて手指で持ち引く。(ABCDE) ・模擬樹木を見つけて発声したり、表情を変化させたりする。(ACE) ・模擬樹木を見つけたよという様子で、サポーター役の顔を見る。(B) ・輪になって歌っているときに、他者へ視線を向ける。(ABCDE) ・「いがいが」という擬態語の発声の際に、表情を変化させる。(ABCDE) ・歌に対して、発声や表情で感情を表現する。(ABCDE) ・手遊びの際に他者に触れられ、感情を表情で表わす。(ABCDE) ・指示されたギターの弦に手を伸ばし、音を出す。(ABCE)	・サポーター役は機関車の登場の際には手拍子を行う。 ・子どもが布を引きやすいように配慮する。 ・サポーター役も一緒になって歌い、楽しい雰囲気を出す。	・ギター ・機関車 ・模擬樹木 ・模擬毬栗

第6章　五感を生かした豊かな学習を目指して「ふれる・かんじる」のプログラムを通して

4．毬栗を作ってみよう ①毬栗をさわってみよう。 ②いがの中に入ってみよう。 ③毬栗をつくってみよう。	・事物への興味を促す。 ・友達と一緒に圧感覚を味わうことで、他者への意識付けを行う。 ・素麺の感覚を味わい、主体的な手指操作を促す。 ・小麦粉粘土（Dさんは、ムーズ粘土）を用い、感覚の受け入れや主体的な手指操作を促す。	・模擬毬栗に手を伸ばす。（ABCE） ・模擬毬栗に触れ、表情を変える。（ABCDE） ・友達と一緒に毬栗（キューボモポリア）に包まれた感触や発声や表情で表す。（ABCDE） ・素麺に手を伸ばす。把持する。（ABCE） ・素麺や小麦粉粘土（D：ムース粘土）の感触を味わい、表情を変化させる。（ABCE） ・複数の色の小麦粉粘土から興味のある色を選択する。（ABE） ・サポーター役の支援を受け、毬栗を制作する。（ABCDE）	・A～Cさん、Eさん…小麦粉粘土を用いる。 ・Dさん：ムース粘土を用いる（アレルギー対応のため）	・模擬毬栗 ・ダンボールシート ・キューボモポリア ・小麦粉粘土 ・ムース粘土 ・バッド
5．おわりのあいさつ プログラム実践者のあいさつを聞き、担当者とそれぞれあいさつを行う。	・「終わり」の理解を促す。	・両手をサポーター役が差し出した手に重ねる。（A） ・両手の間からサポーター役の顔が出てくる事を予測して待ち、サポーター役と目を合わせる。（B） ・左手をサポーター役が差し出した手に重ねる。（C） ・呼名に対して視線を向けようとする。（D） ・呼名に対して右手をあげようとする。（E）	・子ども自身が活動の終わりを感じ取れるようにする。	

＊「子どもたちの発達的視点に基づく目標」欄のイニシャル…A～Eの個々の子どもの発達的視点における目標を示す。

（2）プログラム「大きな栗の木の下で」

　表6-1に示す「大きな栗の木の下で」のプログラムは、「ふれる・かんじる」の実践のコンセプトに基づき、漸次的に活動内容を積みあげる内容となっている。下記の項目を意識するようにした。

① **五感を生かす**
- 導入時には、サポーター役と子どもたちの相互交渉である「キュッキュッ体操」(図を組み入れ、子どもたちが手を足の触圧を受けた感情を発声やことばで表現することを促した。
- 栗の毬に見立てた突起のあるボールを使用し、子どもたちの手からの感覚の受け入れを促した。
- 自然の毬栗の実物を見たり、実際に興味のある子どもたちには注意しながら触れてみたりする体験を活動に取り入れた。
- キューボモビリア[2]やダンボールシートを使用し、身体全体からの圧感覚を受けた感情を子どもたち自身が発声やことばで表現することを促した。
- 事物の姿形や様子を感覚的に表す擬態語を活動に取り入れ、子どもたちの音声言語の基盤を育み、音声への興味・関心を促した。
- ギターの弦の振動や反響を体験する活動を取り入れ、子どもたちが体験に対する感情を発声やことばで表現することを促した。
- 模擬毬栗の制作の材料としては、子どもたち個々の口唇探索やアレルギーに配慮し、子どもたちの手からの素材の感覚を促した。

② **ストーリー性**
- 「パペットのついたロープを子どもたち同士で協力して引っぱると、『キュッキュッ体操』が始まる」、「機関車に本時の教材が積まれていて、機関車がやってくると活動が始まる」といった因果関係を組み入れるようにし、子どもたちがプログラムへの期待感を持てるように心がけた。
- 「栗の木の丘にみんなで探検に行き、そこで隠されていた栗の木を発見し自分から触れてみる」、「みんなで『大きな栗の木の下で』の歌を歌う」、「自分たちが栗の実になって毬の中に入ってみる」、「実際に見た毬栗を自分たちの手で作ってみる」といった子どもたち自身が主人公となる

内容を心がけた。
③ 共に楽しむ
- 「栗」という素材を用いることで、子どもたちそれぞれを担当するサポーター役も季節を体験できるようにし、自然の毬栗を触れる体験など子どもたちと共に行い、秋という季節に触れたサポーター役の感情を子どもたちに伝えるような場面設定を行った。
- 歌遊びでは、昔から歌い継がれている「大きな栗の木の下で」を用い、「いがいが」という擬態語をフレーズの合間に組み込んだ。子どもたちとサポーター役がそれぞれ身体遊びや歌遊びを通し、「共に楽しむ」という場面設定を行った。
- 「毬栗づくり」といった子どもたちとサポーター役が共に造形活動を行う場面では、お互いのチームの制作物や制作方法、子どもたちの制作時の様子などを発表しあう場面設定を行った。
④ プログラム実践時の子どもたちの様子
- パペットのついたロープを引く場面においては、サポーター役による「よいしょ、よいしょ」というかけ声とともに、手の感覚過敏からロープを握るのが苦手な子どもたちが両手でロープを握ろうとする様子や、パペットをみると「こわい」といっていた子どもがパペットを隣の友だちから渡され把持している場面が見られた。パペットを見ると笑顔がこぼれる子どももいた。隣や周囲の友だちを意識しながらパペットを横に送っていこうとする子どもたちの様子が徐々に見られ始めた。
- キュッキュッ体操では、サポーター役は子どもたちの表情を見ながら、子どもたちの感情を理解しようとしていた。以前は感覚過敏のために、普段の生活で手や足に触れられると怒る様子のあった子どもたちが、少しずつであるが手足の触圧を受けいれる場面が見られるようになった。目をしっかり開けて、触圧を感じている様子の子どもや「もう一回」とことばで感情を伝えようとする子どももいた。

- 機関車の登場では、人やものに視線を向けることが課題とされる子どもたちが、目の前を通り過ぎる機関車に対して一瞬であるがちらりと視線を向けたりする場面があった。また、テーマ曲がかかると笑顔が出る子どももいた。
- 布で隠されていた栗の木を発見する場面では、自分から布に手を伸ばし、わくわくしながら布を引いて中に何があるのか確かめようとした子どもたちがいた。また、友だち同士で協力して布を引く場面が見られた。そこについている模擬毬栗（突起のあるボール）を見つけ、手に取り観察しようとする子どもたちもいた。
- 歌遊び「大きな栗の木の下で」では、フレーズ毎に「いがいが」というかけ声をプログラム実践者、サポーター役で行ったが、擬態語に楽しくなったのかゲラゲラ笑いだす子どもたちがいた。また、「いが」と発声しようとする子どももいた。ギターの弦の振動を体験する活動では、目をしっかり開けて振動を感じる様子の子どもや、振動に興味をもちギターの弦に自分から手を伸ばそうとする子どももいた。
- 「毬栗になってみよう」では、キューボモボリアに入るのに最初はためらっていた子どもたちが、担当者と一緒に入ることで落ち着いたり、自信がつくとキューボモボリアの中に友だち同士で入り、手を伸ばしたり相手を触ったりする様子が見られた。

（3）プログラム「うみのなかのくだものの木」

「うみの中のくだものの木」は、「ふれる・かんじる」の実践のコンセプトに基づき、漸次的に活動内容を積みあげる内容となっている。下記の項目を意識するようにした。

① 五感を生かす
- 導入時には、サポーター役と子どもたちの相互交渉である「キュッキュッ体操」を組み入れ、子どもたちが手を足の触圧を受けた感情を

発声やことばで表現することを促した。
- スヌーズレン機器（バブルチューブ・サイドグロウ）[3]や海の中の映像を用い、視覚や光や振動などの感覚を受けた感情を発声・ことば・動作で表現することを促した。
- 海の岩に見立てた100個近い手作りのクッションを使用し、サポーター役や友だちと一緒にクッションの中に入ってみた感情を子どもたち自身が発声やことばで表現することを促した。
- 自然の柑橘類（金柑・蜜柑・柚子）などの疑似収穫体験を活動に組み込み、視覚・触覚・嗅覚を通じて子どもたちがそれらに対する感情を発声やことばで表現することを促した。
- 事物の姿形や様子を感覚的に表す擬態語を活動に取り入れ、子どもたちの音声言語の基盤を育み、音声への興味・関心を促した。

② **ストーリー性**
- 「パペットのついたロープを子どもたち同士で協力して引っぱると、『キュッキュッ体操』が始まる」「機関車に本時の教材が積まれていて、機関車がやってくると活動が始まる」「スーパートーカー[4]のスイッチを押すと大きな波が子どもたちにかぶさり、気がつくと海中の世界にいた」といった因果関係を組み入れるようにし、子どもたちがわくわくするような活動への期待感を持てるように心がけた。
- 「海中にみんなで探検に行き、泡を触ったり、岩の中を探索したり、クラゲにみんなで乗ったりすると大きな絵本の中からキャラクターが現れる。そのあと海中で果物の木を発見し、みんなで収穫体験を行い、柑橘類の香りを味わう」といった子どもたち自身が主人公となるような体験活動を心がけた。

③ **共に楽しむ**
- スヌーズレン機器を用いることで、光と振動の体験を子どもたちと担当者が楽しみ、「不思議」「キラキラしている」など相互の情動を共有

できるような活動内容とした。
- 柑橘類(金柑・蜜柑・柚子)などの疑似収穫体験を活動に組み込み、サポーター役として子どもたちそれぞれに関わる教員も季節を体験できるようにし、柑橘類を触れ、さわやかな香りを楽しむ体験など子どもたちと共に行い、冬という季節に触れたサポーター役の感情が子どもたちに伝わるような場面設定を行った。
- 歌遊びでは、子どもたちに人気のあった曲を用い、子どもたちが意味を認識しやすい擬態語をフレーズの合間に組み込んだ。歌に合わせて子どもたちとサポーター役がそれぞれ手や足を用いた身体遊びや歌遊びを行い「共に楽しむ」という場面設定を行った。

④ プログラム実践時の子どもたちの様子
- パペットのついたロープを引く場面においては、サポーター役による「よいしょ、よいしょ」というかけ声とともに、子どもたちが両手でロープを握ろうとする様子や、パペットを右手で把持し、左手に持ち替え受け渡しを行う子ども、パペットを抱きしめようとする子どももいた。友だちから送られてくるロープやパペットに対して、以前より意識付けができ、周囲の友だちの様子を見る余裕ができてきたように感じた。
- キュッキュッ体操では、以前と同様、サポーター役は子どもたちの表情を見ながら、子どもたちの感情を理解しようとしていた。触圧を受けて静かにリラックスしている様子の子どもや、「左」や「手」とことばと指差しで感情を伝えようとする子どももいた。
- 機関車の登場でも、以前に比べてちらりと視線を向けていた子どもが確実に注目する様子が見られた。また3m程度機関車が移動する間にしっかり追視する子どもも増えてきた。視線を向けることや追視することは参加の子どもたちのほとんどが行っていた。
- AAC機器であるスーパートーカーのスイッチを押す場面では、数名の子どもたちがスイッチを押すことを視線や発声で希望した。スイッチ

を押すと子どもたちに波に見立てた布がかぶさり、友だち同士で協力して手を大きく動かして布を払いのけようとしていた。
- ✓ 海の泡に見立てたバブルチューブには、4つのスイッチがついており、スイッチに手を伸ばし泡の色を変えてみようとする子どもや、バブルチューブの湧き上がる泡の振動を身体全体で感じて楽しむ子どももいた。クラゲの足に見立てたファイバーの束であるサイドグローに対して子どもたちが手を伸ばし光の変化を楽しんだり、身体に巻きつけてみたりと自由に楽しむ姿があった。海の中の映像の変化を注視する子どももいた。また海の岩に見立てた100個近い手作りのクッションの中にサポーター役や友だちと一緒にクッションの中に入り、クッションの感覚を共にリラックスしながら味わっている場面も見受けられた。
- ✓ 歌遊びの活動では、擬態語を聞くと声に出して笑う子どもがいた。サポーター役の支援を受け両足を動かし、歌に合わせて、サポーター役や友だち同士で手をつなぐことで、お互いの存在を感じていたのではないかと思われた。
- ✓ 柑橘類（金柑・蜜柑・柚子）などの疑似収穫体験では、日によって使用する柑橘類を変化させた。「くだものの木」になっている柑橘類に対してサポーター役と一緒に手を伸ばしたり、立位姿勢を取りながら木の上のほうにある柑橘類を収穫したりする体験を行った。子どもたちと担当者が季節の柑橘類の皮をむき、さわやかな香りを楽しむ体験など子どもたちと共に行った。口を動かそうとする子どもや、これまで柑橘類を食べるのは苦手であったが柑橘類に手を伸ばし把持しようと興味を示す子どももいた。

（4）子育て支援サークルでの実践より

　この「ふれる・かんじる」のプログラムは、4か所の障がいのある子どもや乳幼児を含む子育て支援サークルにおいても実施された。参加人数

は、幼児、保護者、障がいのある子どもなど、1回あたり10名から30名であった。

　実施に至る経緯として、「障がいの有無にかかわらず、親子が一緒に体験できるプログラムを展開することで、これまで子育てひろばの参加を躊躇していた親子の参加を促進する」「子どもの発達について不安を感じている保護者が、前向きな子育てができるようにサポートする」「個々の子どもや保護者の教育感などをお互いに認め合い、暮らしやすい地域作りに貢献する」ことを目的として、実践しているプログラムを実施してほしいという依頼を受けたことにある。

　「ふれる・かんじる」の実践は、参加者間の社会的相互作用に基づく実践といえる。これらの発想を学校教育で応用した結果、実践中に、子どもたちが主体的に活動する様子が見てとれた。従って、その実践を「家庭での教育」「地域での教育」といった別の実践の場で応用することは、可能ではないかと考えた。

　そこで、学校教育の「ふれる・かんじる」のプログラムで、毎回行っている内容である身体を介した相互交渉である「キュッキュッ体操」、五感を生かした活動である「楽器（トーンチャイム、ベル、ウッドブロック等）を用いたやりとり」、前述の図6-3「ふれる・かんじる」のプログラムでの環境イメージで示すような「スヌーズレン機器（サイドグロウ）を用いた参加者間の自由なやりとり」を子育て支援サークルで行うこととした。子育て支援サークルでの活動は、筆者にとって、すべて初対面の参加者ということもあったため、「キュッキュッ体操」「楽器を用いたやりとり」「スヌーズレン機器（サイドグロウ）」の内容の説明を若干加えながら実施した。学校教育では、教員が行っていた各子どものサポーター役は、保護者及び子育て支援コーディネーターが行った。

　各実践の様子を以下に述べる。

第6章　五感を生かした豊かな学習を目指して「ふれる・かんじる」のプログラムを通して

➤ 手足の触圧を介したやりとりの様子では、初めて参加した乳幼児と保護者が比較的落ちついた様子でやりとりを行っている様子が見てとれた。トーンチャイムの活動も行ったが、乳幼児と保護者がグループに分かれ、それぞれが役割をもって、演奏に参加していたのが印象的であった。
➤ ウッドブロックやベルを用いたやりとりにおいては、参加者の中には、障がいのある子どもも含まれており、楽器を用いたやりとりに関心を示していた。
➤ スヌーズレン機器であるサイドグロウをそれぞれ取り囲み、手にしている保護者及び乳幼児の様子が見られた。活動中は、プログラム実践者である筆者は、「サイドグロウを取り囲む、手にする」という教示は一切行っておらず、参加者の主体性に任せたのであるが、それぞれの参加者がサイドグロウを自発的に手にし、一つの「空間」を共有している様子が見てとれる。

　また、プログラムの事後は、意見交流会を行ったが、参加者から主として次のような意見が得られた。
✔ これまで、子どもと触れあう体験はなかったが、子どもと一緒にできることがよかった。
✔ 五感を刺激することはとても良い。日常的にできなかった体験ができた。
✔ 子どもに触れることで、子どもがリラックスしていく様子が手に取るようにわかった。
✔ 情動の起伏が激しい傾向の子どもであるが、触れることでリラックスできていたことに驚いた。
✔ 子どもが周囲の様子を見て楽しんでいるようだった。
✔ 光遊びに自分から入っていったことに驚いた。

- ✔ 光遊びのサイドグロウをとても集中して触わっていた。
- ✔ 自分の子どもが普段、動きが少ないので気になっていたが、プログラムの中で他のお子さんの様子をよく見ているのがわかった。
- ✔ 自分の子どもは、まだ、乳児であるが、行動面や発達が気になる。
- ✔ 自分が住んでいる地域では、子育てや障がいについて相談できる機関がない。このようなプログラムを通じて、相談できることはありがたい。

　このように、子育て支援サークル4ヶ所での実践結果においては、概ね、五感を通した集団でのプログラムは、参加者にとって新たな気づきや子どもとの関係の促進につながった様子がうかがえた。また、プログラムを実践しながら乳幼児の様子を観察していたが、重度・重複障がいのある子どものプログラムが、乳幼児を含む子育て支援プログラムに援用可能なことも示唆された。このことは、人間の発達は、五感を通した身体への気づきなどに基づくものであるとも実感する内容であった。

　事後の意見交流では、プログラムの所感以外にも、自分の子育てや子どもの発達、障がいの対応など具体的な事例の対応や質問が寄せられた。このことから、それぞれが子どもを含む家庭生活の疑問や悩みを抱えながらも、気軽に相談できる場が少ないということも見てとれた。このような学校教育での子どもの発達的視点と社会教育での参加者が自由に空間を共有し、相互に関わり合うプログラムは、地域住民間のつながりを促進することや子育て上の疑問や悩みの解決にも寄与できるのではないだろうか。

【付記】

　本書で取り上げた内容は、高橋眞琴（2010）「重度・重複障害のある子どもたちが周囲の友人と豊かなつながりや集団を形成する指導に関する研究」『宝塚市教育総合センター平成21年度研究紀要第82号』pp.43-60に、新たな社会教育分野における実践も加え、再分析・加筆・修正・再構成を施したものである。

第6章 五感を生かした豊かな学習を目指して「ふれる・かんじる」のプログラムを通して

　また、本書で取り上げた触圧の手技については、2008年に感覚統合の専門家である神戸大学大学院人間発達環境学研究科の中林稔堯名誉教授に、実践者の実践も含めご示唆をいただいている。
　触圧の手技の内容については、日本特殊教育学会第47回大会において、高橋眞琴（2009）「重度・重複障がいのある児童を含む集団活動での導入方法についての一考察」でポスター発表を行った。

❖ 注

1　AAC機器：Augmentative & Alternative Communicationの略で、コミュニケーションに障がいをもつ人たちに、拡大・代替コミュニケーションを促す機器。
2　キューボモボリア：身体を休め、姿勢保持に使用するためのクッションの一種。
3　スヌーズレン機器：感覚の素材を組み合わせリラクセーションを促す機器やプログラム。バブルチューブは下部から光と泡が出てくる水の入った筒、サイドグロウは光の色が変化する束状のファイバー。
4　スーパートーカーは、VOCA(Voice Output Communication Aid)の一種で、最大キー8分割、8場面までのメッセージを録音・再生できるものである。

❖ 引用・参考文献

Melzoff,A.N. & Gopnik,A.（1993）.The role of imitation in understanding persons and developing a theory of mind. InS.Baron-Cohen, H, Tager-Flusberg,&D.Cohen(Eds.), Understandingotherminds:Perspectives from autism 335-366.
木下孝司（2006）「発達段階：連続か非連続か」（子安増生編集『よくわかる認知発達とその支援』ミネルヴァ書房）p.7.
鯨岡峻（2006）『ひとがひとをわかるということ：間主観性と相互主体性』ミネルヴァ書房、pp58-61、pp.177-179.
高橋眞琴（2009）「五感を生かした豊かな体験ができる学習をめざして」（兵庫県立教育研修所（編集）・兵庫県教育委員会（発行）『月刊 兵庫教育8月号』.
高橋眞琴（2009）「重度・重複障害のある児童を含む集団活動での活動導入方法についての一考察：支援者と児童間との手足の触圧を介した相互交渉を用いて」『日本特殊教育学会第47回大会発表論文集』p.656.
高橋眞琴（2010）「重度・重複障害のある子どもたちが周囲の友人と豊かなつながりや集団を形成する指導に関する研究」『宝塚市教育総合センター平成21年度研究紀要第82号』pp.43-60.
中央教育審議会（2008）「新しい時代を切り拓く生涯学習の振興方策について～知の循環型社会の構築を目指して～（答申）」.
寺中作雄（1949）『社会教育法解説』社会教育図書、p.10.

徳永豊（2005）「重度・重複障害児における共同注意関連行動と目標設定及び学習評価のための学習到達度チェックリストの開発」『平成15年度～平成17年度科学研究費補助金（基盤研究（C））研究成果報告書』p.10.
兵庫県教育委員会（2009）「兵庫県教育基本計画」.
宮原誠一「教育の本質」『宮原誠一教育論集　第一巻』国土社、1976.
文部省（1996）「21世紀を展望した我が国の教育の在り方について」.
文部科学省（2007）「特別支援教育の推進について（19文科初第125号）」.
文部科学省（2009）「現行学習指導要領・生きる力」http://www.mext.go.jp/a_menu/shotou/new-cs/idea/ で閲覧可能（閲覧日：2016年4月6日）.
文部科学省（2015）「特別支援教育資料『重複障害学級在籍状況の推移（特別支援学校小・中学部）―国・公・私立計」.

第7章

重度・重複障がいのある子どもと周囲の子どもたちとの人間関係の形成

1. 重度・重複障がいのある子どもと周囲の子どもの社会的相互作用

　本章においては、特別支援学校に在籍する重度・重複障がいのあるほのかちゃんと周囲の障がいのない6、7歳の子どもたち（以下、周囲の子どもたち）が共に学習を行う場面において、非言語コミュニケーションの様子、相互交渉の様子やほのかちゃんの運動・感覚の様子を検討していきたい。ほのかちゃんは、主に車いすの移動で2、3語の発語があり、手足に感覚過敏もあった。集団での活動が苦手で、保育士に視線を向けにくいが、小さな子どもの様子はよく見ている様子があった。

　そこで、周囲にいる子どもたちによる自然な関わりの中で、Aさんの「ゆみちゃんは何を作っているのかな」といった興味・関心や、「まゆちゃんみたいにやってみたい」といった主体性が出てくる可能性があるのではないかと考えた。教員は子どもたち同士の自然な関わりを大切にし、子どもたちの様子を見守ることとした。

　障がいのある子どもの社会的相互作用の研究においては、佐藤・佐藤・加藤（2002）の研究が知られている。他児との遊びの経験がほとんどなく、保育士とのマンツーマンでの相互交渉が主であった重度・重複障がいのある子ども、障がいのない子ども、保育士三者の社会的相互作用を分析し、障がいのある子どもと障害のない子どもが好みを共有できる並行遊び[1]を保育士がセッティングすることで、空間的、心理的に障がいのある子どもの「始発」[2]が生起する可能性が高いことを述べている。

　Wood（1993）は、3・5・7歳の子どもの「チューターとしての成長」について述べ、「3,5歳では周囲の子どもに対してうまく指導することはできないが、7歳になると相手に助言を与えて、学習者自身が自力で課題を成し遂げられるように導くこともできるようになる」とも述べている。

　ほのかちゃんと周囲の子どもたちの非言語コミュニケーションや相互

第7章 重度・重複障がいのある子どもと周囲の子どもたちとの人間関係の形成

交渉の成立の様子や、ほのかちゃんに内在する運動・感覚の力が活動を通して引き出されていった様子について示すことにより、重度・重複障がいのあるこどもたちと周囲の子どもたちとの人間関係の形成について考えていきたい。

2. 子どもたちによる手作り遊具を用いた活動場面

　この活動は、ほのかちゃんと周囲の子どもたちが、周囲の子どもたちによる手作りの剣玉を使って一緒に遊ぶ活動である。活動時の学習環境は図7-1のような形をとった。図7-2は手作りの剣玉の形状である。紙コップまたはプラスチックコップを紙筒の3方向に貼ったもので、先に糸のついたボール・紙玉がついている。軽いことが特徴である。

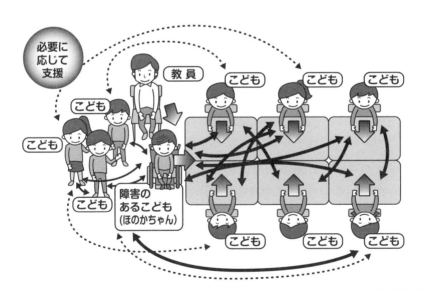

注：太い矢印は、子どもたち自身の活動の様子、細い実線の矢印は子どもたち同士の相互交渉の様子、細い破線の矢印は子どもたちの移動の様子を示す。

図7-1　剣玉遊びの活動場面での学習環境

図7-2 子どもたちが作った手作り剣玉の形状

(1) ほのかちゃんと周囲の子どもたちの活動時の相互交渉及び非言語コミュニケーションの様子

　剣玉遊びの活動において、ほのかちゃんと周囲の子どもたちの相互交渉やコミュニケーションの様子を示したのが図7-3である。

　ほのかちゃんと周囲の子どもたちの相互の様子がわかるように、視線・リーチング・子どもたちのことばや行動の様子を中心に時系列的に記録から記述を行い図表化した。

第7章　重度・重複障がいのある子どもと周囲の子どもたちとの人間関係の形成

ほのかちゃん	周囲の子どもたち（Bさん〜Gさん）
・話しかけてきたBさんに視線を向ける。	・Bさんが車いすについているネームプレートを見て、「この前はネームプレートではなくてねじがついていたよね。」という。
・話しかけてきたCさんに視線を向け、笑顔が出る。	・Cさんが「この前はネームプレートではなくてねじがついていたよね。」という
・剣玉を差し出され、剣玉の方へ視線を向ける。楽しくなってきたのか声に出して笑い始める。	・Cさんが作った剣玉をほのかちゃんのところに持ってきて、ほのかちゃんに視線を向けて剣玉を「ほのかちゃん見て」と目の前で見せる。
・Dさんが作った剣玉に視線を向ける。	・Dさんが作った剣玉をほのかちゃんのところに持ってきて、車いすのテーブルび上に置く。
・Dさんが手を握ってきたが、一瞬視線をそらす。剣玉を手に取るが落とす。	・Dさんがほのかちゃんの手を握る。 ・Dさんが剣玉を拾う。（教員が落とすことがあることを説明する。）
・Eさん、Fさんに視線を向ける。	・Eさん、Fさんがほのかちゃんのところに、それぞれ作った剣玉を持ってきて、「ほのかちゃん」と声をかける。
・Eさん、Fさんの剣玉に対して拍手をする。	・Eさん、Fさんが別の子どもに「剣玉をやってみて」と話しかけられる。Eさん、Fさんがほのかちゃんの前で剣玉を始める。
・恥ずかしくなって下を向く。	・ほのかちゃんの様子を見たEさんが「ほのかちゃん（ありがとう）」と声をかける。
・Eさん、Fさんと一緒に並んで、ポーズをとるように教員の方に視線を向ける。	・Eさん、Fさんがほのかちゃんの様子を見て、剣玉を持って、ほのかちゃんと両横に並ぶ。3人で教員の方に視線を向ける。
・Eさん、Fさん、Gさん3人の様子を覗き込むように視線を向ける。	・GさんがEさん、Fさんに加わる。Eさん、Fさん、Gさんの3人がほのかちゃんに剣玉を行っているところを見せる。
・Eさんの差し出した剣玉に手を伸ばそうとするが、恥ずかしくなって下を向く。	・Eさんがほのかちゃんの車いすのテーブルの上に剣玉を差し出す。
・Bさんの差し出した剣玉は見ていない。	・Bさんがやってきて、ほのかちゃんの車いすのテーブルの上に剣玉を置く。
・Bさんの差し出した2つの剣玉のうち、1つを手に取り、握って振っている。	・Bさんがもう一つ剣玉を持ってきて、2つの剣玉をほのかちゃんのテーブルの上に置く。
	・Bさん、Gさん、Eさん、Fさんの4人がほのかちゃんの様子を見て、自分の剣玉を持参する。

注：子どもの番号は登場順、矢印は相互交渉の流れを示す。

図7-3　ほのかちゃんと周囲の子どもたちの活動時の相互交渉及び非言語コミュニケーションの様子

（2）子どもたち同士の相互交渉と非言語コミュニケーションの様子の検討

　ここでは、図7-3の子どもたち同士の相互交渉と非言語コミュニケーションの様子の記述に対して、カテゴリー別に分類を行い図表化した。それぞれのカテゴリーの下には具体的な子どもたちの様子についての記述を行った。それらが表7-1である。

> **表7-1**　剣玉遊びの活動時でのほのかちゃんと周囲の子どもたちとの相互交渉と非言語コミュニケーションのカテゴリー別分類

①周囲の子どもたちの観察力
・Bちゃんがほのかちゃんの車いすについているネームプレートを見て、「この前はついていなかったね」という。それに対して、Cちゃんは「この前は、ねじがついていたよね」と言っている。Bちゃん、Cちゃんは、以前に出会ったことのあるほのかちゃんの車いすのテーブルの様子をよく観察している。

②子どもたち同士の話題の共有
・ほのかちゃんは、自分の車いすのネームプレートの話題に対して、Bちゃんに視線を向け、さらにCちゃんの語りかけに対して笑顔まで出ている。Bちゃん、Cちゃんが「自分のことや車いすのことを話している」という雰囲気を感じていると考えられる。

③ほのかちゃんによる活動への期待
・Cちゃんは、自分の作った剣玉を、ほのかちゃんの目の前で差し出すが、ほのかちゃんは楽しくなって、声に出して笑っている。

④ほのかちゃんと周囲の子どもたちの相互の意図を汲んだ行動
・Dちゃんが、作った剣玉を持ってやってきて、ほのかちゃんの車いすのテーブルの上に置く。ほのかちゃんは、再び剣玉に視線を向ける。ほのかちゃんが視線を向けるとDちゃんがほのかちゃんの手を握る。
・ほのかちゃんは剣玉に触れるのが初めてだったのか、剣玉を手に取ろうとしたが落としてしまう。落とした剣玉をDちゃんは、すぐに拾ってくれた。

・Eちゃん、Fちゃんがほのかちゃんのところにやってきて、「ほのかちゃん」と声をかけた。ほのかちゃんは再び、Eちゃん、Fちゃんに視線を向けている。そのあと、他の子どもに促され、Eちゃん、Fさんがほのかちゃんの前で、自分で作った剣玉を用いて遊んで見せる。すると、ほのかちゃんはE、Fちゃんに対して拍手を行っている。Eちゃんが「ほのかちゃん（ありがとう）」と声をかけると恥ずかしくなったのか下を向いてしまう。Eちゃん、Fちゃんは、ほのかちゃんの気持ちを察したのか、ほのかちゃんの横に並んでポーズをとりながら教員のほうへ視線を向ける。ほのかちゃんも同じようにポーズをとりEちゃん、Fちゃんと一緒に並んで視線を向けていた。
・Bちゃんがテーブルに置いた剣玉に、ほのかちゃんは視線を向けなかったが、Bちゃんがもう1つ剣玉を置くと、ほのかちゃんは興味のある方を手に取って振ってみようとした。
・ほのかちゃんが上手に剣玉を手に取り、振るのを見てBちゃん、Gちゃん、Eちゃん、Fちゃんの4人がほのかちゃんの様子を見て、うれしくなったのか次々と自分の剣玉を持参する。

⑤ほのかちゃんの主体的なリーチング
・ほのかちゃんは、剣玉に触れるのが初めてだったのか、剣玉を手に取ろうとしたが落としてしまう。
・Eちゃんは、剣玉をほのかちゃんの車いすのテーブルの上に置いている。ほのかちゃんは、剣玉を手に取ろうとするが、はずかしくなって下を向いている。
・Bちゃんがテーブルに置いた剣玉には、ほのかちゃんは視線を向けなかったが、もう1つ剣玉を置くと、ほのかちゃんは興味のある方を手に取り、他の子どもたちと同じように握って振ってみようとした。

（3）剣玉遊びの活動の様子から考えられること

　表7-1のように、剣玉遊びの活動時でのほのかちゃんと周囲の子どもたちとの相互交渉と非言語コミュニケーションのカテゴリー別分類に分類した結果、この剣玉遊びの活動においては、子どもたちの様子から以

下の①〜⑤のことが考えられた。
① 周囲の子どもたちがほのかちゃんの様子をよく観察していること
② ほのかちゃんと周囲の子どもたちが話題を共有していると考えられること。
③ ほのかちゃんは、周囲の子どもたちの様子を見て、剣玉遊びの活動に対して期待をしているのではないかということ。
④ ほのかちゃんと周囲の子どもたちは、お互いの意図を汲んで行動しているのではないか（例えば、ほのかちゃんに対して手を握ったり、ほのかちゃんが周囲の子どもたちの活動に対して拍手を行ったり、ほのかちゃんが下を向いてしまうと、一緒にいた子どもたちがほのかちゃんの横に並んでいる、ほのかちゃんが上手に剣玉を手に取り振ることができると周囲の子どもたちもうれしくなって自分たちの剣玉を持参している）。
⑤ ほのかちゃんは、感覚過敏もあり、手の使い方がわかりにくかったが、周囲の子どもたちが遊んでいる様子を見て、主体的にリーチングを行っているのではないかということ（最初は、うまく手に取ることができなかったが、3回目に自分で手にとって周囲の子どもたちと同じように剣玉を振っている）。

これらの①〜⑤を考えると、40分という短時間ではあるが、子どもたち同士の活動がお互いの学びになっていると考えられた。また、ほのかちゃんにとっても、大人との普段のマンツーマンの学習では感覚過敏のため、ものを手に取ることが難しかったり、ものを投げてしまったりすることも見受けられたが、本活動においては、剣玉に自発的に手を伸ばし、3回目には子どもたちと同じように振っているのは大きな学習の成果だと考えられた。

3. 重度・重複障がいのあるほのかちゃんと周囲の子どもたちとの活動より

　本研究では、事例としてとりあげた剣玉遊びの活動以外にも、造形活動、身体運動、音楽的な活動、遊ぶ活動についても検討を行った。重度・重複障がいのあるほのかちゃんと障がいのない周囲の同年代の子どもたちが共に活動した様子から以下のことが考えられた。

(1) 重度・重複障がいのあるほのかちゃんにとって

　ほのかちゃんにとっては、自分と体格や手指の形状が類似している複数の同年代の子どもが活動する様子を視覚的に確認することで、活動に対する「安心感」「期待感」「意欲」が引き出され、手指の感覚過敏が一時的に軽減し、主体的なリーチング行動が促進されているといえないだろうか。本事例でもわかるように、最初は、うまく手に取ることができなかった剣玉が、周囲の子どもたちが活動している様子を見て、3回目には、自分で手にとって周囲の子どもたちと同じように剣玉を振ることができた。また、ほのかちゃんは、周囲の子どもたちの様子を見て、相手の意図を汲んで、周囲の友だちが上手に剣玉の活動ができたときは拍手を行い、周囲の子どもたちがポーズをとったときは同じようにポーズをとり、同じ相手に視線を向けようとしていることがわかった。

　「子どもたちの『模倣』や『観察学習』というのは、子どもたちの発達において大変重要である。この場合、誰が子どもたちのモデルになるかということが重要である。モデルとして『すぐに手が届きそう』、『やってみたい』と感じることで動機が高まるのである。このようなモデルを学習者にとっての『意味のある他者』と呼ぶ（伊藤、2008）。『意味のある他者』は学習者の認知方法や受け取り方によって異なり、『尊敬できる人』、『少しがんばれば追いつきそうな人』、『有名な人』などがあげられる。今回のほのかちゃんの場合は、同年代の6、7歳の子どもたちが意味の

ある他者となっていたと考えられる。また、ほのかちゃんにとって、同年代の子どもたちとして仲間意識があったのだと考えられる。今回の研究においては、重度・重複障がいのある子どもにとっての『学習モデルとなる他者の存在』の仮説を取り出せたのは前進であろう。」

　この研究を通して、重度・重複障がいのある子どもたちの学習や発達にとって、モデルとなる存在が重要であるということが理解できる。剣玉遊びで確認されたように、多くの子どもたちと共に活動を行うことは、ほのかちゃんのより「やってみたい」という動機を高め、ほのかちゃん自身の主体的な活動につながっていくとはいえないだろうか。また、ほのかちゃんは周囲の子どもたちの様子をよく見て拍手をしたり、ポーズをとったりしたり、周囲の子どもたちの会話を聞いて笑顔がでたりしていることがわかった。これらの周囲の子どもたちとの相互交渉や関係形成はほのかちゃんの社会性を育む上で大切なことであると考えられる。

（2）障がいのない6、7歳の周囲の子どもたちにとって

　この研究を通して、障がいのない6、7歳の周囲の子どもたちは、教員から指示されることなく自分で考えて、重度・重複障がいのあるほのかちゃんの意図を汲んで行動しようとしていることがわかった。例えば、ほのかちゃんが下を向いてしまうと、一緒にいた子どもたちがほのかちゃんの横に並んでみようとする行動は、「お友達だからね、元気になって」、「一緒だよ」というメッセージであると受け取れないだろうか。ほのかちゃんが上手に剣玉を手に取り振ることができると周囲の子どもたちもうれしくなって自分たちの剣玉を持参しているところは、「ほのかちゃん、がんばっているね」、「私の剣玉も使ってみて」という感情の表れといえないだろうか。つまり、6、7歳の子どもたちも構えることなく自然とほのかちゃんと接することで、非言語コミュニケーションを学んでいると考えられる。

また、6、7歳の子どもたちが、ほのかちゃんの車いすの構造が前回と変わっていることに気づいていたり、前回の構造も覚えていたりと、とても観察力があることもわかった。

4. 子どもたち同士の関係性の広がりに向けて

本研究においては、子どもたちの集団の年齢層が学童期のものとなったが、子どもたちの発達の過程において、教員が子どもたちに内在する力や主体的な動きを引き出すような学習形態や学習方法を検討していくことは、重度・重複障がいのある子どもたちの教育実践をする上で大切な視点であると考えられる。また、障害の有無にかかわらず、子どもたちが様々な体験を積み重なることがお互いを高め、学習につながっていくのだと感じた。

今後は、子どもたち同士の関係づくりを学校内にとどまらず、様々な教育の場面や地域に広げていくことが課題となる。そのためには、周囲の人々が積極的で受容的な関わりを行うことや周囲の人々の「気づき」や「学び」もとても重要な要素である。

本研究での知見を生かしながら、重度・重複障害のある子どもたちが豊かな学習や地域生活を送ることができるように、相互のコミュニケーションや関係形成を促すようなプログラムを研究していきたいと考えている。

❖ 注

1　平行遊び：同じ場所で二人以上の子どもが、それぞれ別の遊びをしている状態。
2　始発：他者からの働きかけとは独立して起こる、他者への意図的反応であり、社会的相互作用のきっかけとなるべき最初の反応である。

❖ 引用・参考文献

Melzoff,A.N, & Gopnik,A.（1993）. The role of imitation in understanding persons and developing a theory of mind. InS.Baron-Cohen,H,Tager-Flusberg,&D.Cohen（Eds.）, Understanding other minds:Perspectives from autism, 335-366.

Wood.D.（1993）On becoming a tutor : Towards an ontogenetic model, Paper presented at ESRC Inter seminer 'Collaborateive learning' : What can children learn together,specific skills.

伊藤篤（2008）「学習と思考」『改訂人間理解のための心理学』日本科学文化社、p.72.

木下孝司（2006）「発達段階：連続か非連続か」『よくわかる認知発達とその支援』p.7、ミネルヴァ書房.

鯨岡峻（2006）『ひとがひとをわかるということ―間主観性と相互主体性―』ミネルヴァ書房、pp.58-61、pp.177-179.

桜井茂男（2006）『はじめて学ぶ乳幼児の心理―こころの育ちと発達の支援』有斐閣ブックス.

佐藤百合子・佐藤晋治・加藤元繁（2002）「統合保育場面における発達障害児と健常児との社会的相互作用の促進に関する研究：機能的分析の適用とこれに基づく介入効果の検討」『筑波大学心身障害学系心身障害学研究、pp41-152

徳永豊（2003）「重度・重複障害児のコミュニケーション活動における共同注意の実証的研究」平成11年度～平成14年度科学研究費補助金（基盤研究（C）（2））（課題番号11610160）.

徳永豊（2005）「重度・重複障害児における共同注意関連行動と目標設定及び学習評価のための学習到達度チェックリストの開発」平成15年度～平成17年度科学研究費補助金（基盤研究（C））研究成果報告書、10.

第8章

重度・重複障がいのある子どもたちへの「合理的配慮」とは

これまで言及してきたように、障がいのある人の法律、施策、教育は個人の障がいの改善や克服といったリハビリテーション的視点に基づいて検討されることが多かったが、2006年の第61回国連総会において採択された「障害者の権利に関する条約」は、国際人権法に基づいてつくられたものである。日本政府は、2007年にこの条約に署名し、2014年に批准した。条文の内容と本書のテーマである「重度・重複障がいのある子どもたちとの人間関係」は、今後、地域で重度・重複障がいのある子どもたちが「合理的配慮」を受けながら生活する上で密接に関係がある。

　なぜなら、重度・重複障がいのある子どもたちは社会参加が困難だと認識され、これまで社会から分断されてきた経緯があるからである。現在、国内の教育現場においては、「インクルーシブ教育システム」と「合理的配慮」に関する議論や検討が続いている。

　そこで本章においては、「障害者の権利に関する条約」に関するこれまでの状況を整理するとともに、「重度・重複障がいのある子どもたちへの合理的配慮」について、重度・重複障がいのある本人及び家族のこれまでの経験に基づき、グループインタビュー調査で得られた内容を通して考察する。

1. 「障害者の権利に関する条約」と社会モデル

(1)「障害者の権利に関する条約」と人権についての理念

　「障害者の権利に関する条約」は、「前文」「目的」「定義」など50条からなるもので、「施設、サービス、移動手段の利用」「労働」「教育」「健康」「文化的な生活、レクリエーション、余暇、スポーツ」の参加など、障がいのある人の社会生活について規定されている。前文においては、「この条約の締約国は、国際連合が、世界人権宣言及び人権に関する国際規約において、すべての人はいかなる差別もなしに同宣言及びこれらの規

約に掲げるすべての権利及び自由を享有することができることを宣明し、及び合意したことを認め、すべての人権及び基本的自由が普遍的であり、不可分のものであり、相互に依存し、かつ、相互に関連を有すること並びに障害者がすべての人権及び基本的自由を差別なしに完全に享有することを保障することが必要であることを再確認し、…」と述べられているように、障がいのある人に対する差別や人権についての理念が全面的に押し出されていることがわかる。

この「障害者の権利に関する条約」の意義について、「「保護の客体（慈善と治療の対象）から権利の主体」というパラダイムシフトと障害の社会モデルの導入であり、障害に基づく差別の禁止は実質的な機会均等である」（崔、2010）、「この条約の人権の観点の中心には、差別を撤廃し平等を実現するという理念が位置づく」（津田、2010）といった意見がある。崔（2010）の言説では、「障害者の権利に関する条約」は、「障害の社会モデルの導入」とされているが、条約では「社会モデル」ということばは使われていない。

障がいを身体機能としてだけではなく、社会における障壁として捉えようとする「社会モデル」は、社会成員の意識にも関わるものであり、本書のテーマである「重度・重複障がいのある子どもたちとの人間関係」と関連があるといえる。

これまで、重度・重複障がいのある子どもたちの教育においては、「自立と社会参加を目指した身体的な機能障がいを克服する」といったリハビリテーション色も強かった。

以下においては、特に、「障害者の権利に関する条約」の条文のうち、特に、重度・重複障がいのある子どもたちと関連が深い条文について、概観していきたい。

(2) 社会への参加と障壁について

　まず、第1条では、条約についての目的が示されている。
　「この条約は、全ての障害者によるあらゆる人権及び基本的自由の完全かつ平等な享有を促進し、保護し、及び確保すること並びに障害者の固有の尊厳の尊重を促進することを目的とする。
　障害者には、長期的な身体的、精神的、知的又は感覚的な機能障害であって、様々な障壁との相互作用により他の者との平等を基礎として社会に完全かつ効果的に参加することを妨げ得るものを有する者を含む。」という表現にみるように、身体機能だけではなく、「様々な障壁との相互作用と社会への参加」について示されている。重度・重複障がいのある子どもたちは、医療的ケアによる施設への受け入れの困難やアクセシビリティの困難もあると考えられるが社会の問題として、それらについて考えていく必要がある。

(3)「意思疎通」と「合理的配慮」について

　第2条では「意思疎通」「言語」「障害を理由とする差別」「合理的配慮」「ユニバーサルデザイン」の「定義」について規定されている。重度・重複障がいのある子どもたちにとって、これらの内容は、最も今後検討を要する内容だろう。
　まず、「意思疎通」は、「言語、文字の表示、点字、触覚を使った意思疎通、拡大文字、利用しやすいマルチメディア並びに筆記、音声、平易な言葉、朗読その他の補助的及び代替的な意思疎通の形態、手段及び様式（利用しやすい情報通信機器を含む。）」、「言語」とは、「音声言語及び手話その他の形態の非音声言語をいう。」と定義されている。
　重度・重複障がいのある子どもたちにとっては、サインやシンボル、触覚、ＡＡＣ機器の活用など様々なタイプのコミュニケーションを教育分野でも今後活用し、意思疎通を図る必要があるということである。

「ユニバーサルデザイン」は、「調整又は特別な設計を必要とすることなく、最大限可能な範囲で全ての人が使用することのできる製品、環境、計画及びサービスの設計をいう。」と述べられており、重度・重複障がいのある子どもたち以外にも様々な人々が用いることができるものとして定義されている。

　日本国内においては、重度・重複障がいのある子どもたちの教育分野で、「ユニバーサルデザイン」と「合理的配慮」の区別ができにくいといった意見が教育関係者を中心として見られるが、「ユニバーサルデザイン」は、すべての人々を対象とする普遍的なものであるのに対して、「合理的配慮」は、非常に個別性が高いものであるといえよう。

　「障害者の権利に関する条約」でのキーワードの一つとなっている「合理的配慮」について検討していきたい。「合理的配慮」とは、「障害者が他の者との平等を基礎として全ての人権及び基本的自由を享有し、又は行使することを確保するための必要かつ適当な変更及び調整であって、特定の場合において必要とされるものであり、かつ、均衡を失した又は過度の負担を課さないものをいう。」とされる。

　つまり、重度・重複障がいのある子どもたちが地域社会において他の人と平等に生活できるように、それぞれに応じた配慮や環境を整える（変更及び調整）ことが必要であり、その変更及び調整は、合理的配慮をする側にとって、事業が成立できなくなるほどの負担（過度の負担）を課さないということである。実質的に機会の均等や平等を保障するものである。

　例えば、エレベーターのない学校に重度・重複障がいのある子どもたちが入学を希望する際には、例えば、国公立の学校の場合、学校の「設置者」である国または地方公共団体法人は、エレベーターやスロープを設置することが必要となってくるのである。日本においては、後述するが、

国または地方公共団体と民間事業者においては、対応が異なるため、留意が必要である。

　これまで、重度・重複障がいのある人については、施設面や受け入れ態勢において入学拒否事件がみられた。1991年に起こった市立高等学校の事件においては、進行性の筋ジストロフィー症に罹患している生徒が入学を志願し、学力検査を受検したところ、調査書の学力評定及び学力検査の合計点において合格点に達していたが、進行性の筋ジストロフィー症に罹患しているために、高等学校の全課程を履修する見込みがない可能性や、施設や受け入れ態勢の面からの総合的な判定として、「入学不許可」の処分を受けた事例がある。原告の中学校在籍中においては、スロープ及び手すりの設置を要望し、市によって設けられていたにもかかわらずこのような事件が起きている。

　2006年の保育園入園承諾義務付請求事件では、保護者が喉頭軟化症のために気管切開手術を受け、カニューレ装着をしている女児の保育園入園の申し込みをしたところ、入園不承認の通知を受けたため、国家賠償請求を行っている。施設面や医療的ケアで配慮を要する重度・重複障がいのある人においては、訴訟になっていない入園・入学不許可事例も存在し、受け入れ面で特別支援学校への入学を余儀なくされている事例もあるものと推測される。

　「障害に基づく差別」とは、「障害に基づくあらゆる区別、排除又は制限であって、政治的、経済的、社会的、文化的、市民的その他のあらゆる分野において、他の者との平等を基礎として全ての人権及び基本的自由を認識し、享有し、又は行使することを害し、又は妨げる目的又は効果を有するものをいう。障害に基づく差別には、あらゆる形態の差別（合理的配慮の否定を含む。）を含む。」と定義されている。

　「障害者の権利に関する条約」に、日本は2014年に批准している。教育関係の諸機関は、特に、重度・重複障がいのある子どもたちの受け入

れ態勢や施設面の改善をはじめとする「合理的配慮」について、検討していくことは、今後の大きな課題となるだろう。

　日本の教育面での「合理的配慮」と「基礎的環境整備」の概念については、後述をすることとする。

（4）障害者の権利に関する条約の一般的な原則

　一般的な原則としては
「(a)　固有の尊厳、個人の自律（自ら選択する自由を含む。）及び個人の自立の尊重
　(b)　無差別
　(c)　社会への完全かつ効果的な参加及び包容
　(d)　差異の尊重並びに人間の多様性の一部及び人類の一員としての障害者の受入
　(e)　機会の均等
　(f)　施設及びサービス等の利用の容易さ
　(g)　男女の平等
　(h)　障害のある児童の発達しつつある能力の尊重及び障害のある児童がその同一性を保持する権利の尊重」
が明記されている（外務省、2016）。

　これらの原則が本条約全般に網羅されており、「差異の尊重」「人間の多様性」「男女の平等」なども含まれている。日本の重度・重複障がいのある子どもたちの教育の分野においても、この項に示されている内容について、網羅的に取り扱うことも検討すべきであろう。

（5）障害の理解と啓発に向けて

　第8条「意識向上」において、

「（a） 障害者に関する社会全体（各家庭を含む。）の意識を向上させ、並びに障害者の権利及び尊厳に対する尊重を育成すること。

（b） あらゆる活動分野における障害者に関する定型化された観念、偏見及び有害な慣行（性及び年齢に基づくものを含む。）と戦うこと。

（c） 障害者の能力及び貢献に関する意識を向上させること。」

が規定されている。

これまで言及してきたように、特に重度・重複障がいのある子どもたちは、病院や家庭、特別支援学校、施設など一般の社会から隔絶された生活を送っている状況もあり、ステレオタイプが生じやすい状況であるとも考えられる。

文部省・日本肢体不自由児協会（1982）の「肢体不自由教育の手引き」では、太古から現在までの重度・重複障がいのある肢体不自由者の社会的処遇の推移について分類がなされている。そこでは、①無用なものとして絶滅させた時代、②見世者ないしはなぶり者として愚弄に供した時代、③慈善事業又は医療の立場から身体的に保護を加えた時代、④今日の教育の時代という4区分が明記されている。

これらの記述は、重度・重複障がいのある子どもたちの社会から隔絶されてきた時代があったことを示している。このような時代が長く続いたことで、社会成員は、「どのようにかかわればいいかわからない」という意識をもつ可能性もある。

例えば、教員免許状の取得に必要な介護等体験時においても「特別支援学校での実習が怖かった」という所感をもつ学生が複数存在する。このような一般社会での感情面に対して、どのような「立法的、行政的措置」をとるのかが今後注目されることであり、ボランティア活動や体験活動等を通して、学生の障がい観や意識の変容は必要であろう。

（6）生命の権利

　第10条の「生命の権利」においては、「締約国は、全ての人間が生命に対する固有の権利を有することを再確認するものとし、障害者が他の者との平等を基礎としてその権利を効果的に享有することを確保するための全ての必要な措置をとる。」と規定している。日本においては、1970年代に、重度・重複障がいのある子どもの殺人事件や心中事件が勃発し、社会問題化したが、このような行為は、当然、障がいのある子どもたちの権利の侵害であり、障がいのある人とない人の生命の軽重を比較しているということになる。

（7）教育について

　ここでは、特に、重度・重複障がいのある子どもたちと密接な関係がある教育について考えたい。
　特に2項の
「（a）　障害者が障害に基づいて一般的な教育制度から排除されないこと及び障害のある児童が障害に基づいて無償のかつ義務的な初等教育から又は中等教育から排除されないこと。
　（b）　障害者が、他の者との平等を基礎として、自己の生活する地域社会において、障害者を包容し、質が高く、かつ、無償の初等教育を享受することができること及び中等教育を享受することができること。
　（c）　個人に必要とされる合理的配慮が提供されること。
　（d）　障害者が、その効果的な教育を容易にするために必要な支援を一般的な教育制度の下で受けること。
　（e）　学問的及び社会的な発達を最大にする環境において、完全な包容という目標に合致する効果的で個別化された支援措置がとられること。」

という内容は、重度・重複障がいのある子どもたちの教育をどのようにしていくかを考えるにあたって非常に重要な項目であろう。

　例えば、「自己の生活する地域社会において、障害者を包容し、質が高く、かつ、無償の初等教育及び中等教育」とは、どのような内容を指すのか、「学問的及び社会的な発達を最大にする環境」とは、どのような環境をいうのかについて、特に、医療的ケアや身体的な状況、コミュニケーションの面で制約を受けやすい重度・重複障がいのある子どもたちの教育の文脈においては、社会によって作り出される障壁、つまり、「社会モデル」的な発想において、議論が必要であると考えられる。

2.　「障害者の権利に関する条約」と国内の動向

（1）地方公共団体の障害者差別禁止条例の動向

　2006年の障害者の権利に関する条約の採択以降、地方公共団体においては、先行して、独自の障害者差別禁止条例を障がいのある人々も参画し、制定する動きがみられる。

　2007年の千葉県の「障害のある人もない人も共に暮らしやすい千葉県づくり条例」においては、「『差別』とは、『不利益取扱い』をすること及び障害のある人が障害のない人と実質的に同等の日常生活又は社会生活を営むために必要な合理的な配慮に基づく措置を行わないこと」と定めているが、『不利益取扱い』には、障害を理由とする「本人が希望しない長期間の入院、隔離」「本人または保護者の意見を聞かない入学校の決定」などがあげられている。これらの内容は、重度・重複障がいのある子どもたちの教育とも密接な関係があり、各地域の動向は、注目する必要があるだろう。

(2) 国内法の整備の状況

表 8-1 障害者の権利に関する条約に向けての国内法の整備の状況

2006 年	国連総会本会議において採択
2007 年	日本が障害者の権利に関する条約に署名
2009 年	「障がい者制度改革推進本部」の設置
2010 年	中央教育審議会に「特別支援教育のあり方に関する特別委員会」の設置
2011 年	「障害者基本法」の改正
2012 年	「障害者総合支援法」の成立
2013 年	「障害を理由とする差別の解消の推進に関する法律」案の成立
2013 年	障害者雇用促進法の改正
2014 年	障害者の権利に関する条約の批准
2016 年	「障害を理由とする差別の解消の推進に関する法律」の施行

2014 年の障害者の権利に関する条約の批准に向けて、日本においても国内法の整備が進められてきたのである。

次節においては、今後教育分野においても、重要なイシューとなる「障害を理由とする差別の解消に関する法律（障害者差別解消法）」について、検討を加えたい。

(3) 障害を理由とする差別の解消に関する法律（障害者差別解消法）

障害者差別解消法は、障害者権利条約の批准に向け、2013 年 6 月に制定され、2016 年 4 月に施行された。同法における「障害者」の定義については、「身体障害、知的障害、精神障害（発達障害を含む。）、その他の心身の機能の障害（以下「障害」と総称する）がある者であって、障害及び社会的障壁により継続的に日常生活又は社会生活に相当な制限を受ける状態にあるものをいう。」とされている。このことから、「障害」は、「社会モデル」を意識したものと考えられる。

第5条においては、「社会的障壁の除去の実施についての必要かつ合理的な配慮に関する環境の整備」について「行政機関等及び事業者は、社会的障壁の除去の実施についての必要かつ合理的な配慮を的確に行うため、自ら設置する施設の構造の改善及び設備の整備、関係職員に対する研修その他の必要な環境の整備に努めなければならない。」と述べられている。
　つまり、「合理的配慮」を行う前提として、「自ら設置する施設の構造の改善及び設備の整備、関係職員に対する研修その他の必要な環境の整備」つまり、「基礎的環境整備」が必要であるということを示している。

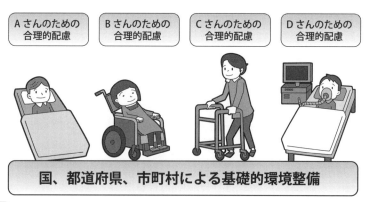

図8-1　合理的な配慮と基礎的環境整備

　内閣府（2015）によると同法における「障害を理由とする差別」とは、「障害を理由として、正当な理由なく、サービスの提供を拒否したり、制限したり、条件を付けたりするような行為である。また、障害のある方から何らかの配慮を求める意思の表明があった場合には、負担になり過ぎない範囲で、社会的障壁を取り除くために必要で合理的な配慮（以下、「合

理的配慮」と呼ぶ）を行うことが求められる。こうした配慮を行わないことで、障害のある方の権利利益が侵害される場合も、差別に当たる。」と述べられている。

「尚、知的障害等により、本人自らの意思を表明することが困難な場合には、その家族などが本人を補佐して意思の表明をすることが可能である」と述べられていることから、特に、重度・重複障がいのある子どもたちの教育現場においては、いかに子どもたちとコミュニケーションをとっていくのか、いかに人間関係を形成していくのかが、合理的配慮を行うにあたって、重要な課題であると考えられる。

表8-2は、「障害者差別解消法」における事業体ごとの義務内容である。国の行政機関は、障害を理由とする差別の解消の推進に関する基本方針に即して、不当な差別的取扱いの禁止及び合理的配慮の提供に関し、職員が適切に対応するために必要な要領（対応要領）を定めるものとされている。

表8-2 「障害者差別解消法」における事業体ごとの義務内容

	不当な差別的取り扱い	障害者への合理的配慮
国の行政機関 地方公共団体等 （教育委員会・国立大学法人含む）	禁止	義務
民間事業者（学校法人含む）	禁止	努力義務

出典：内閣府リーフレット

表8-2においては、行政機関と事業者によって、「障害者差別解消法」における事業体ごとの義務内容が異なることが理解できる。

特に、重度・重複障がいのある子どもたちは、特別支援学校や病院、療育機関等、様々な機関を日常的に活用していることが予想される。学齢期の子どもたちにとっては、公立の特別支援学校で日中を過ごすこと

が多い場合も考えられる。今後は、それぞれの子どもたちに応じた「合理的配慮」を検討していく必要があるといえる。

3. 重度・重複障がいのある人への「合理的配慮」とは
－重度・重複障がいのある本人及び家族に対するグループインタビュー調査より－

(1) 問題と目的

　前節においては、重度・重複障がいのある人を取り巻く状況について、「障害者の権利に関する条約」や国内の法律などの動向から概観した。

　特に、「障害者の権利に関する条約」については、障がいは、社会との相互作用によってもたらされる「社会モデル」が基調とされていることを述べた。

　「障害者の権利に関する条約」における「合理的配慮」は、障がいのある人が社会生活を送るための「通常の場面における援助つき共生戦略」であるとする言説もある（松友、1999）。確かに、「戦略」として、条約や法律を定め、社会を誰もが生活しやすい方向へ変革していくことは、重要なことである。

　一方、このような「戦略」を行うことで、重度・重複障がいのある子どもたちは、本当に「地域社会において豊かな生活を送ることができる」のであろうか。これらの「戦略」は「『できる人』が『できない人』に配慮することで社会が良くなるといった見方をすることにつながる」といった意見も存在する。つまり、「できる人」から「できない人」の順に人間を序列化し、さらに、障がいのある人の中でも「できる内容」によって序列化しているとも捉えることができる。例えば、「特別支援学校」の中でも「高等特別支援学校」という学校があるが、これらの学校では、障がいのある子どもたちの中でも、自立生活や自立通学が可能な比較的軽度の障がいのある子どもたちを対象としたキャリア教育を充実させ、一

般企業や特例子会社での就職を実現している。

　榊原（2011、p.277）は、「できる人」が「できない人」に配慮することは、「容易に「できる」などと主張しえない（重度の）障害者がこぼれ落ちるという懸念がある」と述べている。花田（1991）もまた、「障害者の権利に関する条約」に影響を及ぼした1990年のADA（障害をもつアメリカ人法）の就労に関する部分について、労働能力のある障がいのある人には有効であるが、これまで労働能力が困難とされてきた重度・重複障がいのある子どもたちへの配慮に欠けることを指摘している。

　「インクルーシブ教育システムにおける議論（中央教育審議会）」においても、「医療的ケアを要する子どもたちには、専門的な支援や安全面の配慮が不可欠であり、特別支援学校は、引き続き重度・重複障がいのある子どもたちや保護者にとって必要である」という意見もみられる。

　先に施行された「障害者基本法」においても、就学時の保護者や子どもたちの意向の尊重について述べられているが、コミュニケーション力や意思表示が微弱な重度・重複障がいのある子どもたち本人の「意向」をどのように誰が尊重するのであろうか。また、重度・重複障がいのある子どもたちの教育や生活の場を誰がどのように「幸せである」と判断するのであろうか。実際に「合理的配慮」に関する先行研究を概観しても、重度・重複障がいのある人に関するものはほとんど見られないのが現状である。

　本節においては、高橋（2011）の重度・重複障がいのある本人及び学齢期の子どもたちの家族へのグループインタビュー調査を再分析し、「重度・重複障がいのある子どもたちにとっての『合理的配慮』」について検討を行う。本人と家族の双方からグループインタビュー調査を行った理由は、以下の理由からである。

　重度・重複障がいのある子どもたちは、日常的に全面的な生活介助を必要とする場合が多く、それらを主に担っているのが家族の場合が多い

現状が明らかにある。

特に、意思表示表現が微弱な場合には、日常生活において、本人と家族が一体化して捉えられている傾向があり、学校生活においても、家族が本人の意向の窓口になっているケースが多い。そのため、家族に対するグループインタビューも実施した。ただし、非言語、言語を問わず、コミュニケーション可能な本人からは、第三者の支援をうけながらグループインタビュー調査を実施している。

(2) グループインタビュー調査の概要について

本論では、グループインタビュー法を用いる。当事者の「なまの声」を把握するためには、量的調査や個別のインタビュー調査が用いられることがあるが、本章では、グループインタビュー法を用いることにする。グループインタビュー法とは、「グループダイナミクスを用いて質的に情報把握をする方法で、複数の人間のダイナミックなかかわりによって生まれる情報を、系統的に整理して科学的な根拠として用いる方法」（安梅、2001、p.1）である。この方法は、特に、ヒューマン・サービスの研究分野において活用されている。

① 対象

1) A県内の複数の地方公共団体で自立生活を送っている重度・重複障がいのある本人13名のグループ（以下、「本人グループ」）

本人グループの属性は、特別支援学校を卒業後の年齢20歳～40歳台の男性10名、女性3名であった。

2) A県内のB地方公共団体の重度・重複障がいのある人の家族11名のグループ（以下、「家族グループ」）

家族グループの属性は、年齢、20歳～40歳台の女性11名であった。対象者には、事前にグループインタビューの目的、方法、日時、場所、倫理的配慮についてグループの窓口となる方に説明を行い、自由意思に

第8章 重度・重複障がいのある子どもたちへの「合理的配慮」とは

よる参加協力をお願いした。

② 調査方法

会議が可能な静かな部屋で、参加者に対しては、研究の目的及び個人が特定されないなどの倫理的配慮、自由意思に基づくことについて説明を行い、参加者の承諾を得て録音を行った。インタビューの題材は、「『障害者の権利条約』での『合理的配慮』では、どのような内容が必要であるか」である。インタビュー中は番号札を参加者の名前の代わりにすることで、個人が特定されない形で発言や討議ができるように配慮した。所要時間は、本人グループはコミュニケーションに時間を要するため2時間程度、家族グループは1時間程度であった。

本人グループへのグループインタビュー時の環境設定を図8-2、家族グループへのグループインタビュー時の環境設定を図8-3に記した。

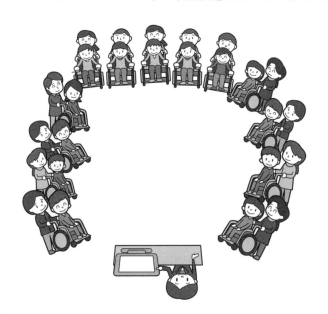

図8-2 本人グループへのグループインタビュー時の環境設定

― 165 ―

図 8-3　家族グループへのグループインタビュー時の環境設定

③ 分析方法

　録音された記録から逐語録を作成した。その逐語録を障がいに関する実践的研究に携わっている複数の研究者で分析しながら、グループ毎に重度・重複障がいのある人への合理的配慮に関する重要なことば（重要アイテム）を抽出した。それらの重要アイテムから重要カテゴリーを抽出し、マトリックスの形に整理した（高橋、2011）。

　高橋（2011）では、推察しうる合理的配慮と今後の方策が示されたが、「医療的ケアへの偏見が減少すれば、社会参加の機会が増加する」といった相互関連性があるため、高橋（2011）でのマトリックスをさらに簡略化して示した（表 8-3、表 8-4）。

　結果の項では、重要カテゴリーを　　　　　、本人及び家族の発言を「　　」で示し、インタビュー時の状況も参照した結果を記した。そして、他障がいと重度・重複障がいのある人の社会における現況を参照しなが

ら、本人グループ、家族グループ別に「合理的配慮」に関する相互関連図を作成した（図8-4、p.177、8-5、p.184）。

4. 重度・重複障がいのある人をめぐる合理的配慮

(1) 重度・重複障がいのある本人への「合理的配慮」

まず、本人グループに対するグループインタビューの結果からは、合理的配慮に関する「重要アイテム」と「重要カテゴリー」が得られた（表8-3）。

表8-3　本人グループより得られたカテゴリー

発言者	重要アイテム	重要カテゴリー
1	・人工呼吸器への偏見がある。 ・人工呼吸器だと外出できない。 ・コンサート等で人工呼吸器の大きな作動音が気になる。 ・「医療的なケア」には、就学する学校の制限や、法律の問題が伴う。	・医療行為（医療的ケア）への偏見 ・医療物品等の携帯性 ・余暇活動での医療行為（医療的ケア）への配慮 ・教育制度 ・福祉制度
2	・店舗への入店や移動が困難。 ・学びたくても障がいや呼吸器のために学べない、配慮がない。 ・学ぶ権利すらない。	・ユニバーサルデザイン ・教育制度
3	・保護者に自立や外出を検討してもらえない。 ・保護者がすべてを抱え込んでいる。	・自立と生活権・家族の負担
4	・二次障害の対応ができていない。	・地域医療
5	・誰でも使える店舗や学校を配慮してほしい。	・ユニバーサルデザイン

6	・介助を用いた大学講義の受講や就労が認められていないため、社会から排除されている。	・福祉制度 ・教育制度
7	・店は、お客さんがいないのに、入れてもらえない。 ・車いす用トイレが個人店舗には、設置されていない。 ・障がい者が複数で行動すると希望の電車に乗れない。 ・障がい者用トイレは、午後10時で閉まる。	・差別（施設の利用拒否） ・ユニバーサルデザイン ・公共交通機関の乗車
8	・社会福祉士受験の際に、自力での回答を促された。 ・大学在学中は親の扶養に入るため、介助時間が150時間だったが、大学卒業すると45時間に激減した。 ・学齢期に普通学級で過ごしたが自分だけ加配教員がついていて、精神的にしんどかった。	・受験の際の配慮 ・福祉制度 ・教育制度
9	・不在者投票で「言語障害があるので、わからない」といわれた。投票所も階段で車いすが上がれない状況だった。 ・地震や火事の際の避難場所が不安。	・公民権行使 ・緊急時の避難
10	・ピア・カウンセリングをしているが、移動の際に介助がつかないことが負担。	・就労
11	・施設での学習の際に、職員から「あなたたちは、何もできない」と言われ、精神的にショックを受けた。	・差別（発言内容）
12	・スロープがついていても、自分の車いすに合っていない。	・ユニバーサルデザイン

| 13 | ・特別支援学校で希望しても教科書を使ってもらえなかった。
・障がいの有無で教育の場を分けるべきではない。 | ・教育制度 |

　以下は、各重要カテゴリーに関する具体的発言とその内容に関する結果である。尚、固有名詞などについては、該当部分は削除している。

福祉制度

　「1対1の介助を望んでいるのですが、日中活動の制度では使えない。例えば大学に行って大学の講義で使うとか、障がい者が介助を使って仕事をするとかそういう部分が認められていないので、結果的に障がい者が社会から排除されているという現実があると思います。」

　「介助員さんが大学にいるときは、150時間ぐらい時間があったんですけど、それが大学卒業後は、45時間って言われたんです。障がい程度区分でこれだけしかできないといわれて、1年ぐらい3分の1ぐらいの時間で生活して、だんだん精神的にしんどくなって、障がいを区分でなく障がいに応じた時間にしないと、国の制度の問題なのですけど、在学中というには親の扶養に入るから、親の住んでいるとこから出るんですけど、大学卒業すると、『これだけしか出ない』といわれて…」

　「通勤や通学など日常的に繰り返すことには介助がつかないんです。1人で行ける人は行けるんですが、重い障がいの人は介助が必要です。日本では職場外介助が進んでいない。すべてのところで介助が使えるようになるのが望ましいと思います。」などの「介助者つきの学習、就労」を望む意見があった。これらは、生活全面において介助が必要な重度・重複障がいのある人特有の意見であり、現行の福祉制度の課題も浮き彫りとなった。

医療行為（医療的ケア）への偏見

「人工呼吸器というところに関して、それに対する偏見とかというものがたくさんありまして、まあ、人工呼吸器をつけてたら『これは生命維持装置だ』とか、『つけているひとはしゃべれない』とか、『病院とかにずーっと入院しておくとか』『家で親がずーっと介助している』とかのイメージが強かったりとか、まあ、これつけることになった時に『人生おわり』だとか、というようなそういったイメージがあって、それで人工呼吸器つけてる人が、あまり社会には出れてないといった現実があります。それで、そういった人工呼吸器に対する考え方が変わって、まあ僕らが社会の中に入っていけるようにといったことがあるんですけれども…」という意見があった。医療的ケアに対する周囲の人々の偏見で、社会参加が困難な状況がうかがえた。医療行為または医療的ケアを要する重度・重複障がいのある人のこれまでの経験上の語りである。

医療物品等の携帯性

「人工呼吸器をつけて外出するという発想が少なくて、例えば外出しようと思ったら、でかい呼吸器であったら出れないわけだし、まあ、持ち運びとか、外部で電力を使えるとか、いうようになっていって、問題あるんですけど、それは何十年も先のことだと思うんですけれども…」という意見があった。医療物品等の形状が社会参加を阻害している様子がうかがえた。

地域医療

「この10年で二次障がいが起こっています。病院に行っても『原因がわからない』といわれます。医者もわからないというし、治療もわからないというので、専門の医者を作ってほしいです。」という意見があった。重度・重複障がいのある人の場合、近隣の病院を受診しても、対応できない様子がうかがえる。

第8章 重度・重複障がいのある子どもたちへの「合理的配慮」とは

> 教育制度

「学校でしたら、人工呼吸器つけていることは、「医療的ケア」になるじゃないですか。今、「医療的ケア」っていうのは、現状はグレーゾーンで、医療関係者が行うことになっていて、それでも「必要だ」ということで「医療的ケア」を実施してくれる学校もあれば、逆に「医療関係だから一切できません」といった学校もあって、ちゃんと配慮してもらえないところもあるじゃないですか。それもその学校とかの考え方によるから、たまたま運よくそういうことやってくれる学校が見つかったらいいですけど、他の学校へ行けば実施してもらえるかっていったらその保障がないから、やはり「医療的なケア」がいる人ってどうしても、行ける学校とかも制限されるとか、それより大きい国全体の法律の問題なんですけど、そういった問題もあると思います。」

「学びたくても障がいがあるがゆえに、呼吸器つけてるがゆえに学べなかったり、配慮がないというか、学ぶ権利すらないといったことがその辺がやっぱり感じますね。」

という意見より、医療的ケアが就学可能な学校を制限している様子がうかがえた。

また、「特別支援学校に行っていましたが、教科書の面で僕がまともに教科書を使って勉強し始めたのは小4の時でした。校長先生と話し合い、親も訴えて小4のときにやっと小1の教科書をしはじめました。数学も高3の時の高1のものをしていました。」という意見より、特別支援学校で学年相応の教材を希望しても、障がいの状況から使用してもらえなかった経験を持つ重度・重複障がいのある人がいた。

「いくら障がいがあっても、教育をきちんとやっておけば、発言できる場面があったりとか、社会の中で生きていく上で必要なことがいっぱい出てくると思います。今では、だいぶ障がいのある子どもも普通校に行けるようになってきましたが、まだまだ別々に学んでいることが一般

的で、やっぱり小さい時から障がいの子と健常者が同じ学校に行く中で、障がい者との接し方を自然に学んでいくと思います。いきなり大きくなってぼくらと会っても、「なんじゃこりゃ」と思うのが当たり前だと思うんです。だからもっと教育の面から障がい者と健常者を分けるんではなくて、共に学ぶ教育を進めていくべきだと思います。」という意見より、重度であっても障がいの有無にかかわらず、同じ場での教育を望み、そのことが周囲の人々への理解を促すのではないかと考えている人がいた。

「制度上の問題なんですが、通常学校に行っているときに小２から中２まで介助は学校の臨時職員がついていました。他の子は 30 人の中の一人です。自分だけ先生がついていてしんどかったです。文部科学省がつけるのではなく、子どもも先生ではなく介助者をつかって授業を受ける形が望ましいと思います。」という意見より、自分だけ特別に加配の教員がついていることで、精神的につらい思いをしている重度・重複障がいのある人がいた。また、本人は教員ではなく介助者を希望している様子であった。

「11 年余り特別支援学校に行きました。特別支援学校の先生は、やっぱり訓練とか何でもできるようにとか進めるんですね。」という意見より、特別支援学校においては、社会への適応に向けた訓練を重視している様子がうかがえた。

ユニバーサルデザイン

「例えば飲食店のお店とかも、スペース的な問題もあるんでしょうけど、入れなかったり、テーブルをどかしようがなかったりする場合もあるし…」

「誰でも使いやすいお店とか学校とか、そういったところとかを配慮してほしい。」

「飲食店等では、車いす用トイレが設置されてないです。本当に多いですよね。」

「障がい者用トイレは、午後10時までなのですよね。安全性のためなのかもしれないのですけど、使えない。」

　「私は日常買い物に行きますが、『合理的配慮』として、スロープがついているところがありますが、幅が狭すぎて、もう少し広ければ、上がれると思っていたのに、年に何回かお店の改装があるんですけれども、ちょっとでも広くしてもらえると期待していたのに、健常者の人が横から1人上がったら上がれない状況で、せっかく『合理的配慮』をしているのに、幅が狭すぎで上がりにくいし、車輪の外側をこするのでもう少し何とかしてほしいと思います。」という意見より、特に個人事業者などでは、ユニバーサルデザインになっていない施設が多い様子がうかがえた。また、公共施設である「公衆トイレ」は、午後10時までしか利用できず、重度・重複障がいのある人は夜間の外出において制限を受けている様子がうかがえた。

自立と生活権

　「親の気持ちの中で、障がい者は何もできないから自立とかは考えていない人もいるし、外に出してもらえない人もいる。」

　「養護学校の先生や親は、あまりにも障がい者をかまいすぎて、地域で暮らせる力を奪ってはいけないと思います。」

　「介助者を使うことによって、地域で生活できるということを広めてほしいと思います。」という意見より、保護者や学校の教員は、重度・重複障がいのある人に対して、「何もできない」と感じていることや「過保護」にする傾向がある様子がうかがえた。

家族の負担

　「特に親は自分だけで抱え込まない気持ちでいたらいいと思います。」という意見より、保護者が重度・重複障がいのある人の日常の支援を一手に引き受けている様子がうかがえた。

差別 （施設利用拒否・発言）

「まあ、本当にあるのですが、とりあえずいっておくと、店から『今日は人が多いから』と明らかに店はガラガラなのに入れてもらえなかったり…」という意見から店舗や施設での利用拒否があることがわかった。

「長い間施設にいました。本当に小さい時に勉強の時間はあったけど、『もうちょっと勉強したいなあ』というと職員の口から出た言葉が『あんたら、なんにもできへんくせに何ゆうてるねん』とか…「あっ、そうか、あんたらそういう目でしか利用者を見てなかったんだな」ということに気づきました。」という意見より、施設等で関わる職員自身にも偏見があることがわかった。

「10年前に1人暮らしを始めたわけなのですが、時間数のことと言い、お店に入っても備え付けの椅子しかなかったり、地域から『何にもできないくせに』と言われているような気がします。これは意識の問題だと思うのですね…。地域に出たからには、僕らにも責任があって、声をあげていかなければいけないと思うけど、子どものときに受けた傷というのは、染みついてしまっていて、せめて障がいのある人に対して、『何にもできないからリハビリにはげみなさい』ではなく、障がいを『自分の個性としていえるような環境にしてほしいです』ということに気づきました。」という意見より、施設や学校等で関わる職員自身にも重度・重複障がいのある人は「何もできない」という意識で接していることがわかった。

公共交通機関の乗車

「どこかに行こうとしたときに、乗りたい電車に乗らなかったりするわけで、そういうときに『3本ぐらい電車待って下さい』と、そういうことはよくあることで、健常者は、ぱっと電車に乗れるわけで、なんで障がい者がかたまっていたら2、3本電車を乗り過ごさないといけないのか」という意見より、重度・重複障がいのある人は、公共交通機関の乗車において、さらに安全かつ迅速に乗車できるような配慮が必要なことがわ

かった。

受験の際の配慮

「大学に通っていたのですが、大学の入試があって、センター受験で受けたんですけど、マークシートを自分で書けないから、代筆してもらってたんですね。それでまあ、大学入って、国家資格の試験を受けたんですけど、センター試験と同じ方法で受験をしたんですけど、『手が動くんだったら自分で書きなさい』と言われて、『手が動かない人は足で書いている人もいるから』と言われ、『手が動くんやからがんばれ』と言われ、マークシートは本当に無理やから1～5の番号を大きくした解答用紙に、自分で○をつけるといったことをして、しんどくて1.3倍延長をしたんですよね。それですごくしんどくて、事情を説明して車いすから降りて這いつくばって、なんとか全部できたんですけど、なんでそこまでせんとあかんのか。障がいがあったら大変だというのが明らかなのに、しかもこれは、国家資格の試験なので、配慮してしかるべきだと思うんですけど…」という意見より、受験の際に、障がいに応じた対応が十分なされていない現状があることがわかった。

公民権行使

「自立して10年余りになるんですけど、それまで、施設にいました。選挙があるとき、不在者投票があるんですけども、『やっぱり選管を呼んで下さい』といっても『言語障害があるとわからない』といわれて、それが自分だけの意見だったので、結局職員だけで不在者投票を済ませたんですが、やっと地域に出て選挙に行けると思っていたら、肝心な避難所（投票所）が階段で車いすが上がれん状況でした。」という意見より、重度・重複障がいのある人が公民権を行使しようと思っても、対応のあり方やユニバーサルデザインで問題があることがわかった。

緊急時避難

「地震や火事があったらどこに行けばいいのかと思う毎日です。」とい

う意見より、普段の生活においての緊急時の避難で不安を抱きながら生活している重度・重複障がいのある人がいることがわかった。

余暇活動

「実際には呼吸器は音が鳴りますから、コンサートに行くとか、そういうときであれば、ロックとかそういう系だったらいいですけど、クラシックとか音がするときに、ミュージカル観に行くとかそういうこともあるのですが、呼吸器をつけていたら、どうしても音っていうものが出ていて、その音が時には周りのひとの邪魔になることがあって、だから呼吸器つけてる人が音楽聴いたらいけないのかって、言うわけではないから、そういったところに配慮とか、音楽聴きに行くってことにあったらいいと思うことがあります。」という意見より、医療行為や医療的ケアのある人の余暇活動に制限があることがわかった。

就労

「障がい者の相談支援をしていますが、移動の際に介助がつかないんです。その時に細かいところまで１人でしないといけない。そのことがとても負担になっています。職場に着いたら向こうの職員に手伝ってもらえるんですが。」、「通勤時に介助が付かないんです。」という意見より、一日の生活全体で介助者が必要なことがわかった。

第8章 重度・重複障がいのある子どもたちへの「合理的配慮」とは

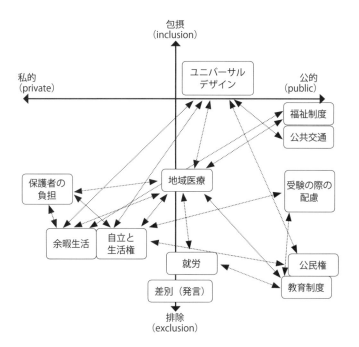

図8-4 本人グループの「合理的配慮」に関する相互関連図

（2）重度・重複障がいのある子どもたちの家族への「合理的配慮」について

　以下は、家族グループに対するグループインタビューの結果から得られた合理的配慮に関する「重要アイテム」と「重要カテゴリー」である（表8-4）。

表 8-4 家族グループの「合理的配慮」

発言者	重要アイテム	重要カテゴリー
1	・子どもを一時的に預かっていただく際に、保護者が連れて行って、連れて帰ってこないといけない。	・福祉制度
2	・子どもの普段の生活で何かできることがあればいいが、行く場所がない。	・体験プログラムの拡充
3	・近所に総合病院がない。 ・他市まで行かないとリハビリテーションや医療を受けることができない。	・地域医療
4	・近所に子どものあった病院がない。 ・トイレにはベッドが必要。	・地域医療 ・ユニバーサルデザイン
5	・地域の病院で総合的に複数の科が受診できるシステムが必要。 ・近隣の公立病院での、駐車場システムに問題がある。個人病院で駐車スペースが必要。	・地域医療 ・ユニバーサルデザイン
6	・大声などで他の人に迷惑をかけるので公共の場所に連れて行くことができにくい。 ・公共施設で、いろんな体験ができる場所や施設が増えればいい。	・地域住民の理解（障がい特性） ・体験プログラムの拡充
7	・車いすであっても、バスに事前連絡をしなくても乗せてもらえるようにしてほしい。 ・車いすで公共スポーツ施設を利用すると「床がいたむ」と拒否される。 ・公共スポーツ施設での障がいのある人への係員による配慮不足がある。	・公共交通機関の乗車 ・差別（施設の利用制限） ・差別（発言）

8	・送迎の際にタクシーを用いるが、距離が短かったり、タクシー券を提示すると運転手からいやな顔をされ、嫌味を言われる。	・公共交通機関の乗車
9	・余暇を過ごす際の医療行為がある人の場所、時間の制約。 ・薬の服用のためついておかなければならない。保護者以外にも対応できる人が必要。	・体験プログラムの拡充（医療的ケア） ・保護者負担の軽減（医療的ケア含む）
10	・医療行為があると家族なり看護師なりの同行が必要で、負担が重い。国の法律が変わればいい。 ・駐車スペースで、関係ない人が停める。 ・行政機関の駐車場でも狭かったり、エレベーターが少なかったりする。 ・施策決定の際には、本人や保護者が一緒に入って決めることが大切である。	・保護者負担の軽減（医療的ケア） ・地域住民の理解（医療的ケア） ・ユニバーサルデザイン ・施策・政策の当事者性
11	・医療的ケアの部分は、ヘルパーではできない。 ・かかりつけの医者が地域の療育センターにいるとありがたい。 ・近所に虐待を疑われている。実態を知ってもらいたい。	・保護者負担の軽減（医療的ケア含む） ・福祉制度 ・地域医療での利便性・専門性 ・地域住民の理解（虐待）

　以下は、各重要カテゴリーに関する具体的発言とその内容に関する結果である。

福祉制度

「子どもを預ける時に、自分で連れて行って、連れて帰ってこないといけないというんで、それも、ちょっとそういう話を聞いて、近くに、送迎をしてくれる事業所があるとは聞いたんですけど…。」

「うちも医療行為がありますので、家族なり看護師なりが同行しなければならないのですが、学校の先生なりとか、もっとできるようになればなあ…って。親が、何かにつけてついているって環境が、ずっと続くのも、その子にとって、良くないかなあ…って、親がいないところでの過ごし方も大事かな…って、思います。医療行為についてもっと開けていったらいいなって思います。」

「医療的ケアがあるのですが、やはり、平日一週間のうち5日ぐらいヘルパーさん使っています。医療的ケアの部分で、ヘルパーさんができないとか、5日のうち、あと2日は、家族対応にしているのです。もっと吸引とか、注入など可能な事業所が増えればいいなって思います。」という意見より、福祉制度はあっても、本人や家庭の状況に応じて十分ではない様子がうかがえた。

体験プログラムの拡充（医療的ケア含む）

「学校生活以外に何かしようと思うと…、今は、何もしていないのですが…例えば、何かおけいこしたいなあ…と思っても、まず行く場所がない。お絵描きなどの教室などがあればいいと思うのですが…今は、家に帰ったら訓練か、病院か、買い物で、週末ちょっと家族でお出かけぐらい…。普通の子どもだったら家に帰って友だちと遊ぶとか、おけいこに行くとか、塾に行くとかっていうような選択肢は全くないので、本当、一日中ビデオを見ているとか、子どもの生活としては、本当はもっとそういう当たり前に何かできることがあればいいなと思うのですが、肢体的にも厳しいし、送迎ってことも、一人ではどこも行けないし、行き場所がもっとあればなあ…。」

「余暇を過ごすというところで、今ヘルパーさんを毎日使って散歩ということをしているのですが…あまり変わりもなく、本人は成長している。もうちょっといろんなことを体験させてあげたいという気持ちがあります。」

第8章　重度・重複障がいのある子どもたちへの「合理的配慮」とは

　「余暇の過ごし方は、本来ならば、お友達同士で、過ごす時間がやっぱり難しいのと、うちは医療行為がありますので、そのあたりで、出かける場所とかも制限されますし、時間とかも制約されますし、絶対誰かついておかなければならないんですけれども、まあ、家族以外の人と、触れ合う時間が…、過ごせる時間が…、もっとあればいいなと思います。」という意見より、余暇生活において「散歩」や「自宅でのビデオ鑑賞」以外に行く場所がない状況があることがわかった。尚、特に、重度・重複障がいのある子どもたちは、身体及び行動面でより様々な制約を受けていることがわかった。

地域医療

　「地域の病院っていうのが、例えば小児科であったり、重度・重複障がいのある子どもの場合、整形外科であったり…、耳鼻科にしても、歯医者にしても、いろんな拠点に行かなければいけない。普通に総合としていろんな科がスムーズに受診できるようになれば、今日はB市、今日はC市といったふうに行かなくてもいいんじゃないかな。」という意見より、保護者が希望して遠方の病院を受診しているのではなく、地域に重度・重複障がいのある子どもたちを総合的に診てくれる病院が不足しているためであることがわかった。

ユニバーサルデザイン

　「個人病院だと…例えば駐車場スペースにしても、駐車スペースがなければ、近くに停めて、雨の中行かなければなりません。小さい病院だと障がい者スペースはとれないじゃないですか。医療的なことで、みんな転々としなければなりません。」

　「駐車スペースにしても、関係がない人が停めていることもよくあります。一応、車いすのマークがついていても「この幅じゃちょっとー」といった場所も多々あるし、市役所の駐車場でもちょっとこれは…といった狭さもあるし、エレベーターが少ない場所もあります。」

「子どもを降ろすだけ降ろしたら、(子どもを)見ておくよ」って、駐車場の警備員の方が言ってくれるのですが、やっぱり、交通整備なりの仕事があるし、ずっと見てもらえるわけじゃないし、やりながら、ずっと見てもらえるわけじゃないから。身体が大きくなってきたらもっと、降ろしたり、バギーも出したりしないといけないし」といった病院等での駐車スペースの問題やルールの問題が次々と出された。また、「トイレがない」「トイレがあっても手すりがない」「ベッドが小さい」といった複数の保護者が介助の際に困った体験をしていることがわかった。

地域住民の理解（医療的ケア、障がい特性）

「とても叫ぶので―、私からいつも近所の人に『ごめんなさい、うるさくて、ごめんなさい』って―『実はこういう状況で…』って説明するのですが…」という部分で障がいのある人が大きな声を出すために近隣住民に、相当、気を遣いながら生活している様子がわかった。

公共交通機関の乗車

「私のところは、車に乗れないので、バスを使うのですが、バス会社によっては、『前もって電話連絡をして下さい！』っておっしゃるのですね。一般の方が公共バスに乗るときに、『今からバスにのりますから』って、そんなことはないのに、車いすであってもそういう事前連絡をしなくてもきっちり乗せてもらえるようにしていただきたいです。」

「私は、車の運転ができないので、タクシーを利用することが、結構あるのですが、タクシーの運転手さんによっては、対応がとても違うのです。近距離で、タクシー券を使ったら何か、悪いような…雰囲気になるので…」という部分で、公共交通機関でも事業体によって温度差があり、日常生活面で不便な思いをされていることがわかった。

差別（施設の利用制限、発言）

「施設面でいえば、公共のスポーツ施設で、車いすが利用しにくいというか、できないというか…、利用すると『床がいたむからだめだ』とか

そういうことを言われるのですね。子どもがスポーツ競技をしているのですが、練習場所を『貸していただきたい』とお願いしても、『車いすは床面が傷つくからだめだ』って拒否されたりとか…。」

「以前は、公共プールに『浮き具を持って入ったらいけない』と言われていましたが、子どもが交渉して、障がい者に限って浮き具を持って入ってもいいということになりました。でも、先日もプールに行った際に、ヘルパーさんと一緒に入るんですが、伝え忘れたことがあったので、ドアを開けただけなのに、厳しい口調で叱られたのですね。」という発言から、公共施設の職員の発言で辛い思いをしている家族が多いことがわかった。

保護者負担の軽減（医療的ケア含む）

「うちは医療行為がありますので、出かける場所や時間なども制限されますし、絶対に、誰かついておかなければならないんですけれども、日常的に薬を服用しているので…、緊急で私に何かあった場合に、対応できる人を、作っとかなければいけないなと思います。」という意見から、特に、医療的ケアを要する重度・重複障がいのある人の保護者は、日常生活で大きな負担を強いられており、本人と離れにくい生活を送っていることがわかった。

施策・政策の当事者性

「施策や政策を決めるのは、本人や保護者が一緒に入って決めることが大事だと思います。何もわからない人が決めるというのは、やはり、抜けている部分が多々あるんじゃないかなって思います。」という発言から「施策・政策は当事者も入って決定すべき」という意見があることがわかった。

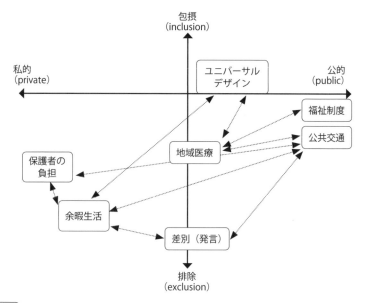

図 8-5　家族グループの合理的配慮

（3）グループインタビュー調査から得られた「重度・重複障がいのある子どもたちへの合理的配慮」

①本人グループから出たカテゴリーからみた「合理的配慮」

1）「合理的配慮」の相互関連性

　図8-4の相互関連図に示したように、重度・重複障がいのある人や子どもたちにとっての「合理的配慮」は、単一の障がいに比較して、複数の合理的配慮を要し、それらの「合理的配慮」が相互に関連しあっていることがわかる。例えば、ユニバーサルデザインが充実していないと社会参加や就労、教育面での制約も受け、医療的ケアがあると地域医療の不十分さや医療機器の携帯性などからさらに生活圏が限定されてしまう傾向がある。これらの「合理的配慮」は、どこかが不十分であると他の事柄も影響を受けるため、結果的に、社会で排除を受けてしまうという

第8章 重度・重複障がいのある子どもたちへの「合理的配慮」とは

構造になってしまう。

「障害者の権利に関する条約」では、「合理的配慮」に関する条項が並列されており、確かにそれぞれの条項は、障がいのある本人を含めた研究や運動の成果が蓄積されたものであろうが、重度・重複障がいのある人や子どもたちのように、複数で多様な「合理的配慮」を要する場合には、条項が各分野で網羅されていても社会への完全参加の困難が予想されるということが十分に議論されているとは、いいがたい。

このように「合理的配慮」が相互に関連していることを考えると、単に法的な規定だけではなく、企業は、携帯性の優れた医療機器を開発することや、「受験」「就職」等の実施主体は、マニュアル等を作成し、重度・重複障がいのある子どもたちが参加できるような配慮を行っていかなければならないだろう。「個人事業主」に至っても、重度・重複障がいのある人や子どもたちが店舗等の利用を希望した際には、可能な限りスペースを確保するなどの配慮を行っていく必要があろう。このように、重度・重複障がいのある子どもたちに対する合理的配慮においては、個人や企業など社会全体の協力や努力も必要となってくる。しかしながら、社会全体で考えると、例えば、就職といっても就労可能性がより高い「障がいのある人」を採用する実態があることは、否めない。「障がい」といっても、一括りで捉えられている現状があるからである。これらの実態を考えると、重度・重複障がいのある人をより社会で理解し、関係づくりを促進していくことは、不可欠であると考えられる。

尚、本グループインタビューを実施した際には、「自分たちの意見を聞いてほしい」「現在の状況を知ってほしい」といった強い思いが、滲み出ていたことが特徴的であった。このような、障がいのある本人の願いや思いを普段から聞いていくことは、非常に重要であると考えられた。

2）「支援者つき参加」の拡大

重度・重複障がいのある子どもたちの場合、グループインタビュー調

査の発言にも複数あるように生活面全般の介助を必要とするため、すべての条項において「支援者つき活動・参加」を認めていくことで、社会参加の可能性はより広がると考えられる。Beatty（1998）らは、介助サービスの利用者に対する量的調査を行っているが、満足度が高く、その理由として「州に拠る経済的支援の受給」「自己選択、自己決定の可能」「柔軟なサービスの対応」をあげている。

　国内でも札幌市においても、2010年より重度の身体の障がいがある人を対象とし、「パーソナル・アシスタンス制度」を実施した。これは、札幌市が介助に関する費用を直接支給し、雇用主から介助者に給与を支払う方法である。梶（2011）は、利用している重度・重複障がいのある人に直接インタビュー調査を行っているが、利用者自身が介助者を育成していく必要やパーソナル・アシスタンスの登録者の獲得が課題としている。松山他（2011）も介助者のカウンセリングマインドの必要性を述べている。

　「支援者つき活動・参加」にあたっては、当然、このような「支援者」を養成する必要が出てくる。重度・重複障がいのある子どもたちの「支援者」を想定した場合、いわゆる「ヘルパー」など職業として普段、関与している人々が考えられるが、重度・重複障がいのある子どもたちの生活全般にわたる支援を考えた場合、「サービス利用時間」が制限されていると、おのずと生活面でも制限を受けるといえる。家族にも、それぞれの生活が保障されるべきことを考えると、職業として関与している人以外も「支援者」として機能する必要があるといえる。このような面を考えると、地域住民等の重度・重複障がいのある人と同じ地域で生活している人々を「支援者」として、巻きこんでいくことも検討する必要があろう。

3）特別支援学校の両義性

　本人グループの何名かは、幼い時から、重度・重複障がいのある子ど

第8章　重度・重複障がいのある子どもたちへの「合理的配慮」とは

もと障がいのない子どもが共に学ぶことで、障がいのない子どもは、重度・重複障がいのある人を理解することにつながるという意見がみられた。そのためには、教育の場での「合理的配慮」が必要となってくる。重度・重複障がいのある子どもたちの「合理的配慮」を考えた場合、先に述べたように、相互関連性があるために、すべての面をクリアするには、困難な場合が想定されるといった、負の循環がもたらされているという実態がある。

　一方、本人グループの合理的配慮のカテゴリーについて、図8-4より概観すると、特別支援学校は、「ユニバーサルデザイン」「医療的ケアへの対応」「個のニーズに応じた柔軟な教育課程」「支援者つきの手あつい対応」「自宅の前（近く）までのスクールバスでの送迎体制」などの重度・重複障がいのある人のニーズや合理的配慮でのカテゴリーを他の施設と比較して充実させている教育機関でもある。重度・重複障がいのある子どもたちの日々の生活を理解する職員や教員が、子どもたちを応援しているケースも少なくはない。つまり、特別支援学校は、「共に学ぶことが困難になる教育機関」として位置づけられるケースと、重度・重複障がいのある子どもたちへの「基礎的環境整備」が充実している教育機関という両義性があるともいえる。

　このような状況を勘案すると「通常学校」または「特別支援学校」の二者択一を重度・重複障がいのある子どもたちや家族に求めるのではなく、この両義性のある教育機関について、どのような位置付けをしていくかや、柔軟な就学システムについて、今後も本質的な議論が必要であろう。

②家族グループから出たカテゴリーからみた「合理的配慮」
1）家族に対する「合理的配慮」
　要田（1999）は、現在の日本においては、家族の中でも、性別役割分業の発想から家事や育児を中心に行う母親に、障がいのある家族の介護

などの責任がふりかかっていることを指摘する。現代の日本においては、「子育て支援」施設の拡充が各地でなされつつあり、「子育て支援」という用語も社会で浸透しつつある。しかし、依然として重度・重複障がいのある家族をもつ保護者、特に、母親の負担は大きく、その現状については、一般に周知されていない現状がある。

　杉野他（2010）は、重度・重複障がいのある家族のいる家庭89世帯に対して「子離れと福祉サービス」に関する量的調査を行っている（回収率76.4％）。この調査によると質問紙の記入者は、母親が91.2％、父親が2.9％であった。また、母親62人に対して、障害のある子どもが一人暮らしができたと仮定した場合、「してみたいこと」の一位は、「旅行」「趣味・習い事・勉強・スポーツ・資格」であり、普段の介助で、社会一般の保護者が行っている余暇活動などの「したいこと」も十分にできていない様子を知ることができる。福祉サービスの利用で困っていることについても、医療的ケアの必要な家族群（36人）と医療的ケアの必要でない家族群（19人）に分類し、集計した結果、医療的ケアが必要な家族群36人のうち約6割が「急な福祉サービスを利用できないこと」を、約4割が「送迎が必要であること」を困っていることとしてあげていることから、医療的ケアを要する家族の負担が大きいことを知ることができる。

　これらの調査結果の内容は、本グループインタビュー調査の発言内容「医療行為があるため、何かにつけて、家族が同行しなければならない。いつも保護者が何かにつけてついているって環境が続くことも子どもにとって良くない」などの「子離れの希望」を示唆する発言と一致する部分がある。

　本グループインタビュー調査においては、インフォーマントは、結果的に、全員が女性であった。発言は、重度・重複障がいのある子どもたちに対して、日々寄り添っていることが明らかとなる内容であった。

　このことは、男性が家計を支える立場を保ち、女性が家族の介護を担

う立場であるあらわれであるともいえよう。「子離れの希望」を示唆する発言があるものの、結果として、母親が家族の介護を担っているのは、「内発的義務」であるのかもしれない。「内発的義務」は、「自分の行為について『ねばならぬ』という内発的な覚悟（最首、1994）とされるが、「子どもによりよい生活や愛情を注げるのは家族である。」といった一途な気持ちの表れともいえよう。

　さらに、病院や訓練等において、他県など遠方まで通所しているケースが散見された。従来、この状況は、家族が希望、選択して通院・通所していると考えられてきたが、実際には、重度・重複障がいのある人の受け入れ先が非常に少ないことに起因することが本グループインタビュー調査で明らかとなった。このことも、家族にとって、大きな負担となっているといえる。

　障害者基本法やこれらの家族の負担や「合理的配慮」について、特に言及されている条項が見当たらないが、特に、重度・重複障がいのある人がいる家族については、日常的な介助や送迎を家族が担っている現状があるため、家族に対する「合理的配慮」の議論も行うべきであろう。そして、社会においての性別役割分業の解消や「託し、託されるシステム」「地域で適切な医療を受診できるシステム」も必要であると考えられる。

2）家族の受傷体験と周囲の理解

　本インタビュー調査では、家族に、公共交通機関や公共施設の職員から行われた発言による「受傷体験」があった。グループインタビュー中も発言中の参加者に対して、周囲の参加者が共感する場面がみられた。これは、同様の体験があったことや、同じように社会的排除を受けた参加者に対する共感の表れであると推測される。吉田（2007）は、保護者の心は傷つきやすく、心の傷が深いほど、周囲の人の何気ない一言で再び傷つくことや専門家からの一言により一番傷つけられることを指摘している。特に性別役割分業が強い傾向がある日本においては、重度・重

複障がいのある子どもの母親の受傷体験は子どもの出生後、たび重なっていると推察される。また、グループインタビュー調査において、「近隣住民に気を遣いながら生活している」といった発言も見られた。地域で重度・重複障がいのある子どもの子育てについて気軽に相談できにくいことや障がいのある子どもの周囲の理解が不十分であるために、不安を抱えながら生活していることをうかがうことができる。
　このような重度・重複障がいのある人の家族の存在は、社会や地域住民に、充分、周知されているとはいいがたい。家族が元気になり、家族自身が活躍できるような場を創造していくことや、共に悩み、共に喜んでいけるような人間関係を地域でつくっていくことも必要であろう。

【付記】
　　本研究は、高橋眞琴（2011）「障がいのある人にとっての『共に生きる社会づくり』について考える：重度・重複障がいのある人への『合理的配慮』とは（共生社会実現の方策）」『兵庫県人権啓発協会研究紀要』12 pp.37-58 に、新たなデータを用いて再分析、再考察したものである。

❖　引用・参考文献

Beatty,P.W., Richimond. G. W., Tepper.S., and Delong. G.（1998）Personal assistance for people with physical.
Disabilities: Consumer-direction and satisfaction with services, Arcgives of Physical Medicine and Rehabilitation, 79、674-677.
安梅勅江（2001）『ヒューマンサービスにおけるグループインタビュー法：科学的根拠に基づく質的研究法の展開』医歯薬出版、p.1.
石戸教嗣（2010）「排除社会における教育原理の分化と接合：労働の変化に対応する教育概念のシステム論的再編（＜特集＞「教育」概念の再検討）」教育學研究 77 巻 4 号、pp.346-357、日本教育学会.
外務省（2016）「障害者の権利に関する条約（略称：障害者権利条約）」（Convention on the Rights of Persons with Disabilities）http://www.mofa.go.jp/mofaj/gaiko/jinken/index_shogaisha.html で閲覧可能（閲覧日：2016 年 4 月 26 日）.
梶晴美（2011）「札幌市パーソナル・アシスタンス制度の現状と課題：介助者の確保

と自己選択を巡って」人間福祉研究 14 巻、pp.67-77、北翔大学．
厚生省（1998）「身体障害者介護等支援サービス指針」．
崔栄繁（2010）「国連障害者の権利条約の理念を地域へ」セミナー資料．
最首悟（1998）『星子が居る：言葉なく語りかける重複障害の娘との 20 年』世織書房．
榊原賢二郎（2011）「人の価値付与と障害」『障害学研究』p.277.
杉野昭博・新道由記子・松浦考佑（2010）『福祉サービスと子離れ・親離れ：宝塚市肢体不自由児者父母の会アンケート調査報告書』関西学院大学人間福祉学部．
高橋眞琴（2011a）「障がいのある人にとっての『共に生きる社会づくり』について考える：重度・重複障がいのある人への『合理的配慮』とは」『研究紀要第 12 輯』兵庫県人権啓発協会刊、pp.38-58.
千葉県（2007）「障害のある人もない人も共に暮らしやすい千葉県づくり条例」．
中央教育審議会初等中等教育分科会（2010）「特別支援教育の在り方に関する特別委員会論点整理」p.8.
津田英二（2010）「インクルーシヴな社会をどう実現できるか」『研究紀要第 11 輯』兵庫県人権啓発協会刊、p.30、p.42.
内閣府（2013）障害を理由とする差別の解消の推進に関する法律（平成二十五年法律第六十五号）http://www8.cao.go.jp/shougai/suishin/sabekai.html で閲覧可能（閲覧日：2016 年 4 月 26 日）．
中俣恵美（2011）「国際生活機能分類 ICF における「生活機能」をめぐる課題」『関西福祉大学総合福祉科学研究』2 巻、pp. 103-114.
日本肢体不自由児協会（1981）『肢体不自由児白書：1981・82』pp.12-13.
花田春兆（1991）「ADA 法やぶにらみ」『リハビリテーション』331（転載）．
北海道（2009）「北海道障がい者及び障がい児の権利擁護並びに障がい者及び障がい児が暮らしやすい地域づくりの推進に関する条例」．
松友了（1999）『知的障害者の人権』明石書店．
松山光生・藤田和弘・倉内紀子（2011）「自立生活センターにおける介助者用カウンセリングマインド尺度の開発：先行研究からの検討」『九州保健福祉大学研究紀要 』12 巻 pp.95-101.
文部省・日本肢体不自由児協会（1982）「肢体不自由教育の手引き」．
要田洋江（1999）「障害者差別の社会学」岩波書店．
吉田圭吾（2007）『教師のための教育相談の技術』金子書房、p.51.

第9章

重度・重複障がいのある子どもたちの余暇活動

前章においては、家族や本人の具体的な声に基づいて重度・重複障がいのある子どもたちにも関連する合理的配慮について、検討を加えてきた。「障害者の権利に関する条約」においても、余暇活動やレクリエーションについて示されている。前章の重度・重複障がいのある本人及び家族へのグループインタビュー調査においては、地域における余暇活動が必ずしも充実していないことが示唆されていた。
　本章においては、地域における活動での支援者と重度・重複障がいのある子どもとの「かかわり」の様子を取り上げるとともに、重度・重複障がいのある子どもを含む地域での実践プログラムをいくつか紹介する。

1. 「障害者の権利に関する条約」と余暇活動

　「障害者の権利に関する条約」においては、余暇活動は、
「第三十条　文化的な生活、レクリエーション、余暇及びスポーツへの参加」で規定されており、内容は以下のようになっている（外務省、2016）。

「5　締約国は、障害者が他の者との平等を基礎としてレクリエーション、余暇及びスポーツの活動に参加することを可能とすることを目的として、次のことのための適当な措置をとる。
　(a)　障害者があらゆる水準の一般のスポーツ活動に可能な限り参加することを奨励し、及び促進すること。
　(b)　障害者が障害に応じたスポーツ及びレクリエーションの活動を組織し、及び発展させ、並びにこれらに参加する機会を有することを確保すること。このため、適当な指導、研修及び資源が他の者との平等を基礎として提供されるよう奨励すること。
　(c)　障害者がスポーツ、レクリエーション及び観光の場所を利用する機会を有することを確保すること。

(d) 障害のある児童が遊び、レクリエーション、余暇及びスポーツの活動（学校制度におけるこれらの活動を含む。）への参加について他の児童と均等な機会を有することを確保すること。
(e) 障害者がレクリエーション、観光、余暇及びスポーツの活動の企画に関与する者によるサービスを利用する機会を有することを確保すること。」

　特に、重度・重複障がいのある子どもたちの場合、前章においても検討を行ったが、医療的ケアや設備面、移動面等での障壁が生じる場合があるため、余暇活動が他の障がい種の子どもたちと比較して、進みにくいことが予測される。また、一番、余暇活動を行う上で、支援者が考えるのは、安全面であろう。
　確かに、支援する側にとって、リスクマネージメントは、重要なことであり、特に、重度・重複障がいのある子どもたちにとっては、生命にかかわることである。
　しかしながら、高橋・鈴木（2016）が「障がい者というのは、『安全性との戦い』だったのです。安全の名のもとに庇護される方策だったのです。つまり、健常者と同じようなことをさせると危ないから、この子たちのためになるためには、安全を優先しようという意識は、障がい者にとって、いろいろな不利益がありました。」と示すように、重度・重複障がいのある子どもたちが、「新しい世界に触れること」や「何かチャレンジすること」について、支援者や教員は、その問いを忘れてはならないだろう。

2.　重度・重複障がいのある子どもたちの余暇活動の充実に向けて

（1）重度・重複障がいのある子どもたちの余暇活動でのエピソード
　これまで、筆者らは、重度・重複障がいのある子どもたちの余暇活動に関連するアクションリサーチについても取り組んできた。本章におい

ては、重度・重複障がいのある子どもたちの余暇活動の様子を記述する方法として、アクションリサーチで遭遇した重度・重複障がいのある子どもたちと周囲の人々との関係性で意味がある場面を切り取って記述し、考察を加えるエピソード記述を用いる。

このエピソード記述は、保育の現場や重度・重複障がいのある子どもたちの教育現場でもこれまで多く用いられてきた。

鯨岡（2005、p.36）は、エピソード記述を以下のように整理している。
「➢ 実践における事象の客観的な流れが描き出され、エピソードを読む側は、概ね、内容に関して、共通理解に達することが可能である。
➢ エピソードの執筆者が実践における事象をどのように捉えているかがエピソードの中心になっている。」
➢ エピソードの執筆者は、実践に関わっている人々の思いや意図など、他者の主観を間主観的に把握した部分や、執筆者自身の思い、実践の場の雰囲気をエピソード記述の中に盛り込んでいる。

このような記述は、実践現場と研究との往還から生まれ、エピソードを記述することにより、研究者自身の体験の意味を意識し、新たな問いを探究するといった研究の営みに繋がる（鯨岡、2005、p.11）のである。

尚、下記のエピソードについては、余暇活動に携わるそれぞれのボランティアが執筆したものであるが、それぞれのエピソードについての考察は、実際にその余暇活動に参加していた複数のボランティア（障がいのある子どもたちの発達支援に関する研究を行っている大学生、大学院生）及び大学教員を交え、実践後の研究会で分析し、共通確認を経ている。

（2） 制作活動でのエピソード　―入学式での思い出―

ここでは、地域住民も参加するアート系の制作活動での、重度・重複障がいのある真優さん（仮名）の様子について、支援するボランティア

のちひろさん（仮名）が記述した内容について取り上げ、複数の視点で考察された内容について述べていく。

（3）スクラップブッキング制作でのエピソード

　真優さんは、特別支援学校の中学部3年生です。手足に緊張が入りやすいため、座った姿勢を保ちにくく、音声言語でのコミュニケーションを行わない様子です。活動では、いつもヘルパーと来所し、セノックマットで仰臥位になり、リラックスしている様子がよく見られました。

　今日は、「スクラップブッキング」といって綺麗な輪紙などに、自分の好きなように、思い出の写真をアレンジしていく活動でした。この地域活動には、保護者が同伴する小さい子どもたちも参加していたので、最初は、その子どもたちと活動を共にしていました。私のところにやってきては、スクラップブッキングでのパーツである「ボタンつけてー」「糊貼ってー」と甘えるようにサポートを求めてきました。

　私は、小さい子どもたちと一緒に、花のパーツや、ボタンを貼り付けていた。小さい子どもたちも、思い思いにかわいい作品を制作した。さらにそれを見た小さい子どもたちの保護者も「私も作ってもいいですか」と活動に参加し、参加者たちは大変満足している様子でした。

出典：筆者作成

図9-1　スクラップブッキング（例）

そこに真優さんが、ヘルパーの方とやってきました。真優さんは、一番端のテーブルに車いすで座り、別のボランティアの由紀さんが真優さんの横についていました。私は、遠目から真優さんの様子を見ていましたが、ヘルパーの方とボランティアの由紀さんが相談しながら、大人2人だけで制作を行っていて、真優さんは身体にギューっと緊張を入れながら下を向いていました。
　私は、真優さんの近くまでいって様子を見ていましたが、大人2人が制作し続けていたので、思わず「(真優さん)本人がしなくていいのですか」と声をかけてしまいました。
　そして、私は、「やってみていいですか」と2人に声をかけ、真優さんに「どの紙を使う？」と聞いて数種類ある紙を提示し、選択してもらいました。紙を順番で提示した際には、真優さんは、好きであろう紙の時に、笑顔で応えていました。次に、私は、真優さんの指に糊をつけて、一緒に紙を貼り合わせていき、スタンプを押す作業を行いました。台紙を留めるリボンも真優さんは5種類の中からストライプのものを提示した時に握りしめたので、「これにする？」と確認すると、右手を少し挙げ、笑顔で応えていました。
　真優さんは、保護者の方と一緒に撮影した入学式の写真も台紙に貼り、ニコニコと嬉しそうな表情をしていました。保護者の方も一緒に来られていたので、「じゃあ、保護者の方に見せにいこうか」と真優さんの右手の指に用紙を持ってもらうと、真優さんはギューっと用紙を握りしめて、笑顔になりました。真優さんの保護者がいらっしゃるところに「こんなのができましたよ」と持っていくと保護者の方は、「真優ちゃん、すごいなあーよくできたなー」と真優さんをとてもほめていました。すると真優さんは満面の笑みを浮かべました。しかし、保護者の方がその直後に、「真優ちゃん、今から妹のお迎えがあるからヘルパーさんと帰ってね」というと真優さんは、悲しそうな表情でうなだれていました。

① 考察

　この事例においては、「スクラップブッキング」というプログラムで、様々な人が交錯しながら活動に参加している様子がわかる。まず、「スクラップブッキング」という活動を通して、参加者は、写真を見ながら自分のライフイベント等を回顧し、思いを巡らせている。また、参加者それぞれのライフイベントについて、相互に質問し合う状況も散見され、参加者それぞれの歴史や人生を場にいるものが共有しているといえる。

　次に、小さい子どもたちとその保護者が意欲的に「スクラップブッキング」の作成を行っている様子がわかる。これらのことは次々とパーツを貼り付けていく園児たちの行動や、保護者の「私もしてもいいですか」といった発言から理解することができる。スクラップブッキングという制作活動を通して、「主体的に考える力」や「創造する力」が生み出されている面やそれを見た保護者が子どもたちの様子を知ることで子どもの理解が深まっている。また保護者も子どもと作業を協働することで、子どもとの関係性も深化している。

　そこに、重度・重複障がいのある真優さんとヘルパー、ボランティアの由紀さんが活動に参加しにやってくる。この３名は、活動に、継続的に参加しているが、ちひろさんは、遠目に真優さんの作品を大人２人がどんどん制作しており、真優さん自身が何も作業できずにうなだれているのを見て、思わず声をかけてしまっている。この事象自体は、「重度・重複障がいのある子どもたちへの支援者の認識のずれ」をあらわしている。ある支援者は、発語がなく寝たきりの状態を見て「何もできない」と感じているかもしれないし、ある支援者は、「かかわり」を通じて、重度・重複障がいのある子どもたちが自分に対するサインを発していると感じているかもしれない。ボランティアの由紀さんは、後に、ボランティアのちひろさんと活動の主催者に対して「真優さんとのスクラップブッキングでは勉強になりました」と語っている。このような複数のメンバー

から構成される実践においては、自分の主観だけではなく他者の主観との共同化や省察であろう。そのため、この実践においては、毎回のプログラムが終了した後、ボランティアや保護者等が参加できる「振り返り」の場を設けている。

　ボランティアのちひろさんが真優さんに声をかけてから、「用紙の提示に対して笑顔や右手で選択する」などの真優さんの主体的な非言語コミュニケーションが明らかに増加している。特別支援学校などにおいても、重度・重複障がいのある子どもたちが普段、関わりの少ない人との非言語コミュニケーションを行うことは、1年単位以上の長期目標とされ、このような主体的なコミュニケーションが生じた要因としては、「スクラップブッキング」作成というプログラムに対する真優さんの意欲と、ボランティアのちひろさんが真優さんの作成意欲を汲みとったことにある。

　ボランティアのちひろさんは、真優さんが保護者と2人で映っている写真をアレンジしながら貼り付けていくのをとても楽しんでいる様子から保護者に作品を見せたい気持ちを知る。そして、この実践に初めて訪れた保護者のもとへ作品をもっていったときに、真優さんは「私との入学式の写真だよ」という気持ちを満面の笑みで保護者に伝え、保護者もわが子の存在を受け止めるという行為を通じて、言語に拠らない親子のコミュニケーションの存在や親子の絆について気づく。しかし、保護者の「妹の迎えがあるのでヘルパーと帰ってね」ということばは、真優さんにとってはとてもつらいことばであり、「もっと一緒にいたい、行かないで」といった気持ちを言語で十分に訴えられない悲しさが「うなだれる」という行為であらわれていると推察される。また、ボランティアのちひろさんや由紀さんは、このような事象から「重度・重複障がいのある人の言語で思いを表出できないつらさ」を知ることになるのである。

　このように、余暇活動に参加するボランティア等の支援者にとっても重度・重複障がいのある子どもたちの表情や感情を理解するために細や

かなかかわりは、非常に大切であり、それらが、重度・重複障がいのある子どもたちの余暇活動の充実につながっていくと考えられる。

3. 重度・重複障がいのある子どもたちの野外活動に向けて

(1) ボランティアによるキャンプ準備の取り組み

　ここでは、特別支援学校の小学部低学年に在籍する重度・重複障がいのある子ども（以下、海人くん）が、障がいのない子どもたちと共に過ごすキャンプに向けて、ボランティアが行った準備の事例（田原・見立・山本・玉井・高橋、2016）とキャンプの際のエピソードを取り上げる。

　キャンプの準備段階においては、海人くんがキャンプに参加しやすいように様々な面で筆者ら（以下、ボランティア）が打ち合わせを行った（表9-1）。

　このキャンプは、子どもたちが普段、学校の終了後に利用する放課後児童健全育成事業が夏休み中の子どもたちへの活動の一環として設定しているものである。その活動において、障がいのある子どもと障がいのない子どもとの野外活動における関係形成について、ボランティアとして、アクションリサーチを行うこととなった。

　まず、主催する放課後等児童健全育成授業での子どもたちの様子について、放課後等児童健全育成事業のスタッフとボランティアとで共通確認が行われた。ボランティアのうち1名は、海人くんの支援を主として担当するときは、事前に、放課後児童健全育成事業が実施する遠足にも同伴し、子どもたちと一緒に過ごすことで、子どもたち同士の関係や海人くんが使用している車いすの折りたたみ方、重量、食事の様子などの確認を行った。

　その後、ボランティアのうち2名は、実際に活動を行うキャンプ場にも赴き、車いすの通行の可否や移動距離、現地の設備、リスクマネージ

メントなどについて、現地のスタッフとともに協議と確認を行った。

表9-1　キャンプ実施までの検討内容

回目	検討内容
1	✔ 子どもたちが利用している放課後児童健全育成事業で、関係者間で打ち合わせを行う。
2	✔ キャンプ場の現地調査を関係者で行う。 （キャンプ場現地のバリアフリー状況、マップの収集、食事の形態）
3	✔ キャンプ各日程での活動プログラムの決定 ✔ 各プログラムの担当者の決定
4	✔ 各プログラム内容についての協議 ✔ 日程表の作成
5	✔ 各プログラム内容についての協議 ✔ 参加者の持ち物リスト作成 ✔ 日程表修正
6	✔ 活動プログラムの進行方法についての協議 ✔ キャンプ場スタッフとの打ち合わせ
7	✔ 放課後児童健全育成事業関係者、スタッフとの打ち合わせ ✔ プログラムの進行に関する協議 ✔ 日程表修正
8	✔ 準備物についての話し合い・作成 ✔ キャンプ場スタッフとの打ち合わせ ✔ 子どものグループ分けについて、放課後児童健全育成事業関係者との打ち合わせ
9	✔ 活動の準備 ✔ プログラムで使用する資材の調達 ✔ 夕べの集いの歌・ダンス練習
10	✔ 活動日程の最終確認 ✔ 現地で使用する物品の確認

出典：田原・見立・山本・玉井・高橋（2016）を改変

キャンプの当日は、集団遊び、飯ごうすいさん、キャンドルファイアー、きもだめし、クラフト、魚つり、スイカ割り、ネイチャーゲームなど様々な活動が行われ、子どもたちは、終日、キャンプを楽しんだ。

(2) キャンプの際のエピソード

キャンプの実施後に、ボランティア（大学院生2名、大学生2名、特別支援教育を専門とする大学教員1名）計5名で振り返りを行った。今回、エピソードを記述する前には、ヘルパー、海人くんの視線、表情などの社会的相互作用について、静止画、動画を用いて、5名で相互確認も行った。以下は、ボランティアによるエピソード記述と考察である。

① キャンプの「自己紹介」の際のエピソード

キャンプ場に到着した後、センター棟の多目的室に入りました。多目的室には、子どもたち、保護者、ヘルパー、そしてキャンプの運営に携わるボランティアを含み約30名が集まり、円形に座った状態で、参加者一人ひとりが自己紹介を行うことになりました。

ボランティアのうち1名が全体の司会を行いましたが、自己紹介では、名前と自分の好きな食べ物をひとことずつ言うように伝達をしました。今回は、保護者の方と幼児さんも参加していたので、子ども一人だけではなく、保護者の方と幼児さん2名で自己紹介を行う場面もありました。「好きな食べ物は、すいかです。」「好きな食べ物は、ハンバーグです。」など、誰がどのような食べ物が好きなのかなと考えながらみんな聞いていました。

重度・重複障がいがある海人くんの番になり、ヘルパーさんと一緒に、車いすでみんなの前に出てきて、あいさつを行おうとしました。海人くんは、一生懸命に、声を出そうとしているようでした。

その時、海人くんの車いす左横に、今まで、みんなの中に座っていた陸人くんがやってきました。陸人くんは、海人くんの車いすのテーブル

の左横にしゃがむように座り、手をとってくれました。その際に、海人くんは、「あーっ」と声を出しながら、笑みを浮かべました。

② **考察**

　このエピソードは、キャンプが始める前に、参加者全員が一堂に会している様子を示している。普段の放課後児童健全育成事業で一緒に過ごしている友達以外にも、保護者や幼児も参加して、和やかな雰囲気で会が進められている。

　しばらくして、重度・重複障がいのある海人くんの番になり、ヘルパーと一緒に皆の前に出てくる。恐らく、個別授業が中心である特別支援学校において、保護者や普段あまり話すことが少ない人々も含まれる30名の前であいさつをするという体験は、海人くんにとっては、あまり多いとはいえないことであり、一定の緊張もあるだろう。声を出そうとしてもなかなか出しにくい状況があったと考えられる。そこへ、普段、放課後を一緒にすごしている陸人くんがきて、車いすの左横に座り、海人くんの手をとってくれた。一定の緊張があった、海人くんにとっては、普段一緒にいる友だちが来てくれ、手をとってくれたことで、安心材料になり、笑顔が出たのではないだろうか。また、これから始まるキャンプに対する期待感も含まれていたかもしれない。

③ **キャンドルファイアーの際のエピソード**

　キャンプの一日目、夕食が終了したあとに、ボランティアのうち、2名がワークショップを行い、子どもたちは、一人ひとり、自分たちのランタンを制作しました。そのランタンを持ち寄って、キャンドルファイアーが行われる場所の入り口に整列し、入場しました。

　椅子は、既に、残り3名のボランティアと保護者の手によって、円形状に並べられており、子どもたちは、並べられた椅子に着席していきました。制作したランタンを床に置き、ボランティアのうち、2名がランタンの中にあるろうそくに、点火していきました。

第9章 重度・重複障がいのある子どもたちの余暇活動

点火ののち、キャンドルファイアーの場に設置されていたライトも点灯したため周囲も明るくなりました。ボランティアのうち、1名が中心となって司会を行い、全員でキャンプの歌を歌うことになりました。CDによる音楽が流れ始めるとすわっていた子どもたちのうち、3名が椅子から立ち上がり、小走りでぐるぐる回り始めます。海人くんもヘルパーさんと一緒に、両脇を後方から支える介助歩行で一歩一歩足を出しながら進んでいきました。その時、回っていた子どもたちのうち、陸人くんが「はい！」「はい！」という音楽に対する合いの手を入れ始めました。

最初に、一生懸命ヘルパーさんと介助歩行をしていた海人くんは、急に大笑いし始めました。

④ 考察

ここでは、キャンドルファイアーの場面が取り上げられている。子どもたちは、それぞれに自分が制作したランタンを手に持ち、厳かな雰囲気でキャンドルファイアーが実施される場所に入場する。入場の後、円形に着席し、それぞれのランタンに火がともるが、依然として厳かな雰囲気は継続している。

ボランティアのうち1名が司会を行い、キャンプの歌を歌うことになり、場の雰囲気が「みんなのキャンプ」という明るい雰囲気に一転する。CDによるキャンプの歌がこれまで厳かな雰囲気にいた子どもたちは、キャンプを盛り上げるモードに切り替わり、小走りでぐるぐる回り始める。

海人くんにとっては、特別支援学校の野外活動は、車いすの子どもたちが中心で、比較的静かな雰囲気で過ごすことが多く、このように周囲の子どもたちが盛り上がっている場を共有する体験は、あまりないものと思われる。「子どもたちと一緒に参加したい」という気持ちを抱いた海人くんの気持ちを察したヘルパーさんは、海人くんもこの場に参加させたいと考え、両脇を後ろから支える介助歩行を行い、海人くんが子どもたちと一緒に回れるように支援する。海人くんは、最初は、子どもたち

と一緒に回ることに集中していたが、陸人くんが「はい！」「はい！」とかけ声をしながら回っている様子や表情を見て、おかしくなってきた。

併せて、周囲の子どもたちと一緒に、キャンドルサービスに参加できることで楽しい気分になり、大笑いを始めたのではないか。

（3）重度・重複障がいのある子どもたちが参加する野外活動の実施に向けて

ここまで、重度・重複障がいのある子どもたちが参加する野外活動の実施に向けて、ボランティアによる準備やキャンプの際のエピソードについて述べてきた。

これまでの章で述べてきたように、特別支援学校に在籍する重度・重複障がいのある子どもたちに対する学校以外の放課後の活動や余暇活動、野外活動については、まだまだ地域における資源が少ない状況にあると考えられる。また、そのような設定の少なさに比例するように、経験も少ないのではないかと考えられる。このような社会教育に関連する実践については、地域住民やボランティアの手によって担われているのが現状である。

しかしながら、重度・重複障がいのある子どもたちとコミュニケーションをとる際に、普段から接することが少ないと「お互いのことがわかりにくい」ことも予想される。

今回のケースのように、本人のことを知っている周囲の人々が増えることにより、地域生活への参加や社会への参加が始まり、本人を中心とした社会も構築されてくる（図9-2）。

地域住民やボランティアなどにも重度・重複障がいのある子どもたちとの人間関係の促進の視点が望まれるだろう。

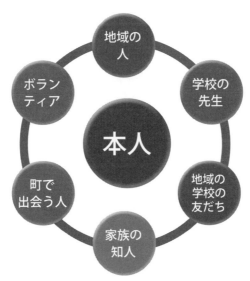

図9-2 重度・重複障がいのある子どもと本人中心の地域社会

◉ 地域での重度・重複障がいのある子どもたちも楽しめる活動プログラム

事例 1 春を感じながら体を動かそう！

（1）いっしょに楽しめるのが遊びでは大切

「障害のある子どもがボランティアと遊ぶって…専門家じゃなくて大丈夫なの？」「遊ぶ前にまず、障害について専門的に勉強しなくっちゃ」と思う人々が多いだろう。

私自身も、学習や支援を行ううえで、障害のある子どもの特性や支援の方法について、専門家や有資格の先生がたからレクチャーを受けた経験がある。

このような対応や方法を事前に理解しておくことは、子どもたちと関わっていくうえで重要であろう。

一方、子どもたちと直接関わることで、子どもたちから学ぶことも多くあるといえる。

学校や社会は、さまざまなもので満ちあふれている。急に大きな音が聞こえたり、自分が理解できない会話が始まったりすることもある。子ども一人ひとりが、自分自身の感性をもっているし、感じ方も異なってくる。

関わっている子どもが急に「不安な状況」になった場合、これまで事前に知識としてもっていた方法論が即座に役に立つのかどうかについて、読者の皆さんはどのように考えるだろう。おそらく、知識としてもっている方法論と自分のこれまでの経験知を総動員させ、試行錯誤しながら、子どもの置かれている「不安な状況」をどのように解決していくか考える方が多いのではないだろうか。

このような場合、関わる側は、「なぜ子どもが不安になっているのか」

とまず、子どもの気持ちになって考えてみることが重要ではないだろうか。

　子どもたちが目をキラキラさせながら笑顔で遊ぶ姿に、障害の有無は関係ない。子どもに寄り添い、語りかけながら、いっしょに楽しめることが「遊びの要素」で最も大切だろう。

（2）プログラムの目的

　ここでは、障がいの有無にかかわらず、ボランティアや地域の人々と子どもたちがいっしょにでき、楽しく遊べ、学校の授業でも簡単に活用できそうな内容を提案する。内容も、複数の障がいのある子どもたちを想定している。

　春にちなんだ遊びを提案する。

- 期待される効果
  - 障がいの有無にかかわらず、子どもたちと支援者や先生が楽しく活動できる
  - 子どもたちの自発的な身体の動きが期待される
  - 春の雰囲気を感じられる
  - 複数の障がいのある子どもが参加できる
  - いっしょに遊ぶことで、お互いを知ることができる
- 注意点
  - 活動に参加しにくい子どもたちには、活動を強制せずに見守る。部屋の中でゆったりしながら、活動を見守るのも OK であるし、パラバルーンの動きを見るのもよい。

（3）プログラムの流れ

　このプログラムは、概ね1回40分程度の活動内容になっており、今回は3つの活動で構成されている。

まず、1つめの活動では、春にちなんだ絵本、紙芝居、パネルシアターなので、春という季節の想像力を高める。2つめの活動では、準備運動も兼ねて、支援者が持つペープサートの動きに合わせて、子どもたちが動く。3つめの活動では、パラバルーンで風や舞い散る花びらを感じる。

① **春にちなんだおはなし**
　春という季節に対する子どもたちのイメージを高める。
- 準備物

　春について書かれている絵本、図鑑、紙芝居、パネルシアター（写真1）など。

- 留意点

　読み聞かせでは、子どもたちがわくわくするように感情をこめる（図1）。

　学校などで実物投影機（書画カメラ）（写真2）がある場合は、絵本や図鑑を拡大すると、広い場所で活動していても、とても見やすくなる。

写真1　春のパネルシアター

図1　読み聞かせでわくわくさせる

② **ペープサートの動きに合わせて**
　絵本や紙芝居、パネルシアターの陰から、ペープサートになった動物が飛び出してくる。
- 準備物

　動物の絵が描かれたペープサート。効果音用の小物楽器類。

子どもや先生、サポーターが描いた絵に持ち手をつける。拡大した写真などでもOK。効果音用の小物楽器は、バーチャイム、鈴、カスタネット、タンバリンなどあるものでOK。

- 留意点

絵本、紙芝居、パネルシアターの陰から動物が飛び出してくるようにする。動物が登場する際に、声で鳴き声を表現したり、鈴、タンバリン、小太鼓などの小物楽器で表現してみる。

ペープサートでは、「いちにのさん！」「ジャンプ！」など、動物や子どもの動きに合わせて、かけ声をかけてみよう（写真3）。動物が動く際に、小物楽器で効果音をつけると、わかりやすくなる子どもたちもいる。

写真2　書画カメラのセット

写真3　ペープサートの動きに合わせてしゃがんだり…

③ パラバルーン

子どもたちや教員、サポーターがいっしょにパラバルーンを持ったり、パラバルーンの中に入ったりして、春の風や花びらの雰囲気を楽しむ。

- 準備物

パラバルーン、お花紙。

学校や保育園・幼稚園ではパラバルーンがある場合が多いが、ない場合は、軽めの大きな布でもOK。お花紙は、柔らかい紙や風船などでも代用できる。

●留意点

あらかじめ、お花紙を花びらの形に切り抜いておく。パラバルーンを持つメンバー、中に入るメンバーに分かれる。お花紙をパラバルーンの上に置くと、みんなで上に上げたときに「花びら」が散るしくみになっている（図2）。

春の雰囲気が出るBGMがあっても楽しめる。

図2　パラバルーンで花びらを散らす！

（4）プログラムを行ったまとめ

このプログラムでは、複数の障害のある子どもたちが参加していたが、物語に視線を向ける子ども、よく聞いている子ども、動物の登場音に大喜びの子ども、ペープサートに合わせてジャンプする子ども、横になりながら、風や花びらを楽しむ子どもがおり、それぞれの方法で楽しんでいる様子が見られた。

第9章 重度・重複障がいのある子どもたちの余暇活動

プログラム活動例

内容	ねらい	特性に応じた子どもの目標例	留意点	準備物
1 はじめのあいさつ プログラム実践者のあいさつを聞き、サポーター役と子どもたちそれぞれあいさつを行う。	・活動のはじまりを意識する。	・両手をサポーター役が差し出した手に重ねる。 ・両手の間からサポーター役の顔が出てくることを予測して待ち、目を合わせる。 ・左(右)手をサポーター役が差し出した手に重ねる。 ・プログラム実践者に視線を向ける。 ・「はじめます」とことばで言う。 ・あいさつをしている周囲の子どもたちを見る。 ・自分から「あいさつ役」に立候補する。	・子どもたち自身がプログラムの始まりを感じ取れるようにする。マット等に横になりながらでもOK。 ・子どもの前に出て、あいさつするのも良い。	
2 春のおはなし	・春の動物や草花などを知る。 ・春の季節感を味わう。	・絵本(紙芝居・TVモニター・パネルシアター)に視線を向ける。 ・プログラム実践者による春のおはなしを聞く。 ・おはなしを聞いているときに、感想をいう。 ・室内に留まり、サポーターと一緒におはなしを聞く。 ・出てくる草花や、動物などの名前をことばで言う。 ・効果音を聴き、感想を伝える。	・読み聞かせでは、子どもたちがわくわくするような気持ちになるように感情をこめてみる。 ・楽器類で効果音を入れるのもよい。	・絵本 ・パネルシアター ・紙芝居 ・TVモニター ・書画カメラなど
3 ペープサートの動きに合わせて	・ペープサートに描かれた動物の登場を期待する。 ・ペープサートに合わせて身体を動かす。	・ペープサートに視線を向ける。 ・動物が登場した際に、表情が変化する。 ・動物の鳴き声をまねする。 ・ペープサートの動きに合わせてジャンプしたり、かがんだりする。 ・効果音に表情を変える。 ・他の参加者の様子を見ながら、一緒に動く。	・ペープサートの動物が登場する際に、泣き声を言ってみる、効果音を入れる。 ・子どもたち全体の様子を見ながら、ペープサートを動かす。	・動物が描かれたペープサート、絵、写真など ・小物楽器(鈴、カスタネット、タンバリンなど)

4 パラバルーン	・春の風を感じる。 ・花びらが舞う春の雰囲気を感じる。 ・他の参加者と協力してパラバルーンをもつ。	・動くパラバルーンに手をのばそうとする。 ・パラバルーンの風を感じ、表情を変化させる。 ・パラバルーンの感触を確かめようとする。 ・落ちてくる花びらに手をのばそうとする。 ・パラバルーンのもち手を他の参加者と協力して持つことができる。 ・他の参加者の様子を見る。	・花びらに用いる紙は、やわらかめのものが適している。 ・パラバルーンを高く上げて、花びらが舞い散るようにする。 ・子どもたちがパラバルーンを持てるようにサポートする。	・パラバルーン ・お花紙
5 おわりのあいさつ プログラム実践者のあいさつを聞き、サポーター役と子どもたちそれぞれあいさつを行う。	・活動のおわりを意識する。	・両手をサポーター役が差し出した手に重ねる。 ・両手の間からサポーター役の顔が出てくることを予測して待ち、目を合わせる。 ・左（右）手をサポーター役が差し出した手に重ねる。 ・プログラム実践者に視線を向ける。 ・「おわります」とことばで言う。 ・あいさつをしている周囲の子どもたちを見る。 ・自分から「あいさつ役」に立候補する。	・子どもたち自身がプログラムの終わりを感じ取れるようにする。 ・マット等に横になりながらでもOK。 ・子どもが前に出て、あいさつするのも良い。	

事例 2 人形やペープサートで活動への興味を引き出す

　ここでは、子どもたちのイベントや特別支援学校でも行われている、人形とペープサートを用いた遊びプログラムに着目する。

　人形劇は、演劇の一種の手法であり、乳幼児から大人まで楽しめる。学校教育場面では、読書活動や言語活動との併用や、お楽しみ会や文化祭、芸術鑑賞会など特別活動での活用が期待される。

　今回は、障害の有無にかかわらず地域や特別支援学校で公演活動を行っている『あらいぐまとその仲間たち』の協力を得て、人形とペープサートを用いた遊びプログラムを提案したい。

- 期待される効果
  - 障害の有無にかかわらず、子どもたちと支援者や先生が楽しめる。
  - ストーリー性が高いため、期待感をもって活動に参加することができる。
  - 人形が活動内容の教示を行うため、子どもたちの興味・関心が得られやすい。
  - 鑑賞態度、周囲の人といっしょに活動に参加する態度など社会的なスキルにつながる。

- 注意点
  - 劇中に歌や動きを取り入れる場合、障害の有無や対象の年齢に応じて題材や動きを吟味する。
  - 人形を使うことで子どもたちの興味・関心を引き出しやすくなるが、時節に合わせたテーマを取り入れることで、より高い関心を得ることが期待できる（写真1）。

協力／『あらいぐまとその仲間たち』新井裕也代表
写真1　人形は子どもの興味・関心を引き出しやすい

（1）プログラムの流れ

　このプログラムは、おおむね1回40分程度の活動内容になっており、4つの活動で構成されている。

① 物語を聞く・導入

　まず、ここでは、季節や現在の学習内容に沿ったストーリーの題材を考える。例えば、校外学習、自然体験学習、遠足、プール、夏休み、運動会、音楽会、卒業式などである。

　以降の遊びの案内役となるキャラクターたちの印象づけと、その遊びを展開するための物語的動機づけが主な狙いである。

●留意点
- 子どもたちや見る人が共感しやすい身近な話題でストーリーを設定することで、活動への動機づけが得られやすい。例えば、遠足なら「わくわくする気持ち」、運動会なら「頑張ろうとする気持ち」をメッセージとして子どもたちに伝えることで、子どもたちが学習について考える機会になったり、感情が豊かになったりする。
- 人形やペープサートを操作する際には、子どもたちの追視の状況を確認するとよい。

② あっちむいてほい！

「あっちむいてほい！」は、指示された方向に反応して、その方向以外に首を振り向ける遊びである。障害の状態によっては、視線の移動で参加することも可能である。

写真2　矢印なので視線を指示する

- 留意点
  ○ 一般的な「あっちむいてほい！」では、ジャンケンをして勝者が方向の指示を、敗者が首の動作を同時に行うが、このプログラムでは、指示役を人形劇を行う演者が行っている。このことにより、「先に指示が出る」「指示を認識する」「身体の操作に移る」という流れを設定することで、子どもたちの予測を促すことができる。
  ○ 大きく描かれた矢印を用いることで、どの方向を向けばよいか認識しやすくなる（写真2）。他のオリジナルのストーリーでも、このようなサインやシンボルを用いると効果的である。

③ 歌を使った遊び

童謡や子どもたちの好みの歌を用いて、歌詞中の一定の箇所で、手をたたく遊びを展開する。

- 留意点
  言語でのコミュニケーションがとりにくい子どもたちの場合には、支援者が横

写真3　歌に合わせて手拍子をする（右端）

について、歌に合わせて手拍子をする（写真3）、足で地面を踏みならすなど、子どもの特性に応じて、やりやすい方法で行う。

歌やリズムに慣れてきたら、ペースアップするなどして変化をつける。

④ 人形の動きに合わせて体操

子どもになじみがある歌に合わせて振り付けを踊る活動を行う。

最初は、曲に合わせて人形で動きを実際に示し（写真4）、次に、人形の動きを見ている子どもたちにも参加を促す（図1）。

写真4　人形で踊りの振り付けを示す

- **留意点**
- 参加している子どもたちができそうな動きを盛り込む（手をつなぐ、顔を触るなど）。
- ある程度決まったパターンの動きの組み合わせ、繰り返しを中心に構成することで合わ

図1　人形を見ながら音楽に合わせて踊ろう！

せやすくなる。例えば「首のみ動かす」→「手を動かす」→「首と手を動かす」、「単純な指示に沿って身体を動かす」→「歌の一部に合わせて身体を動かす」→「歌詞に合わせて身体を動かす」などと、順に複雑さを増すように組み立てると行いやすい。

- 人形がモデルになっているが、可能なら支援者も前に出て体操するとわかりやすく、子どもたちの意欲を促す。

（2）プログラムを行ったときの子どもたちの様子

○ 物語を聞く場面では、座ってとても集中して聞いている様子が見られた。
○ どの子どもたちも集中して、物語の間、人形をよく見て語りを聞いていた。
○ 季節に応じて、自分が体験している話題を用いることで、共感している様子が見られた。
○ 人形の動きを追視する子どもが多くいた。
○ 参加者の多くが物語を聞く際にも、静かに座って聞くことができた。
○「あっちむいてほい！」ゲームでは、「大きな矢印を用いることで、向く方向が明確になった」という意見があった。
○ 参加者全体が盛り上がりながらゲームに参加することができた。
○「歌をつかった遊び」では、演者の一人が、拍手を行うことで、曲の適切な場所で拍手をすることができた。
○「人形の動きに合わせて体操」では、なじみのある曲を用いることで、子どもたちに笑顔がでる場面が多かった。
○ 肢体不自由のある子どもが支援を受けながら、自然に体操を行うことができた。
○ プログラム終了時、子どもたちが自発的に拍手を行っていた。

写真5　ペープサートはこのように、牛乳パックを用いて制作可能である。ペープサートの場合は、置いてあるペープサートの両脇から演者の両手を出すことで手の動きが可能になる

プログラム活動例

内容	ねらい	特性に応じた子どもの目標例	留意点	準備物
1 物語を聞く	・鑑賞する態度を養う ・時候の話題と活動に興味をもつ	・演者が「これから始めます」と言うと拍手する。 ・人形が「こんにちは」とあいさつすると、「こんにちは」と応える。 ・人形劇のプログラムを行う演者に視線を向ける。 ・物語を座って静かに聞く。 ・物語の内容に応じて、表情を変える。 ・人形による問いかけに、言葉で応える。 ・人形やペープサートの動きを追視する。	・演者は、事前に台本を用意し、人形の操作や話す内容を練習しておくことが望ましい。	・人形 ・ペープサート ・BGM音源
2 「あっちむいてほい！」	・サインやシンボルを意識する。 ・ゲームのルールを理解する。	・矢印の方向に視線を向ける。 ・顔（視線）を矢印の方向に向ける。 ・人形の説明を静かに聞く。 ・ルールがわかりにくい場合には、手を挙げて質問する。 ・周囲の友だちの様子を見る。 ・人形による問いかけに、言葉で応える。 ・ゲームでうまく活動できたら、笑顔が出る。	・演者は、事前に「矢印の方向に顔を向ける」というルールをわかりやすく説明する。 ・人形でモデルを示す。 ・支援者もいっしょにゲームに参加し、場が盛り上がるようにする。	・人形 ・ペープサート ・矢印の表示
3 歌を使った遊び	・曲の適切な箇所で手拍子を行う。 ・曲が流れるスピードを意識する。	・曲の適切な箇所で手拍子を行う。 ・リズムに合わせて、手拍子を行う。 ・支援を受けながら、リズムに合わせて、身体の一部を動かす。 ・曲のスピードに合わせて、手拍子を行う。 ・周囲の様子を見ながら、手拍子を行う。 ・曲の適切な箇所で、楽器を鳴らす。	・支援者は、子どもたちの身体を動かしやすいように支援する。 ・人形もモデルが示すが、演者の一人がモデルを示すとよりわかりやすい。 ・手拍子の代わりに、楽器を用いることも可能。	・人形 ・ペープサート ・楽器（鈴、タンバリンなど） ・BGM音源

4 人形の動きに合わせた体操	・人形の動きや演者の動きに合わせて、身体を動かす。	・人形の動きや演者の動きを見ながら身体を動かそうとする。 ・支援を受けながら、身体の一部を動かす。 ・周囲の動きを見ながら、身体を動かす。 ・集団で体操を行うことで、感情を表情や身体の動きで表現する。 ・歌詞に合わせて、身体を動かす。	・演者は、子どもたちのできそうな動きを用いて、体操の内容を組み立てる。 ・最初は、簡単な動きから始め、少しずつ複雑な動きを取り入れる。	・人形 ・ペープサート ・BGM音源

事例 3 風や光で五感に働きかける

　ここでは、筆者が特別支援学校や子育て支援サークルで実践してきた、五感に働きかける遊びプログラムを紹介する。

　このプログラムは、海外で行われている「スヌーズレン」という、ゆったりした空間で自分の五感を刺激する用具を用いてまどろむプログラムの一部を応用したものであるが、今回は初夏にちなんで、海をイメージしたものとなっている。年末だと、イルミネーションとの組み合わせなど、季節に応じたプログラムを行うことができる。

　海外から輸入する用具は、高価なものも多いが、身近で入手できるもので、ある程度代用することも可能である。

　今回提案するプログラムは、障害のあるお子さんだけではなく、乳幼児をはじめとする子どもたち、ボランティア、地域の人、学校の教員もいっしょに楽しむことができる。

- 期待される効果
  - 障害の有無にかかわらず、子どもたちや保護者、地域の人、支援者がいっしょに楽しむことができる。
  - 初夏の場合は、涼しげな雰囲気を味わうことができる。
  - 感覚に働きかける用具を用いて、参加者がお互いコミュニケーションをとることができる。
  - リラックスした雰囲気で行うため、自由な姿勢で思い思いに活動を楽しむことができる。
- 参加者の五感に働きかけるため、集中や興味・関心が得られることが多い。
- 注意点
  - 今回使用している光に関連する機器は、ゆるやかな速度で、光の色が変化するものである。実際に活動を行う際には、暗室でのテレビ画像や映

画館などでの警告と同様に、強い光刺激や激しい点滅を伴う器具は用いないようにする。また、光刺激に起因する体調不良が指摘されている子どもがいる場合は、十分な注意が必要である。
○完全な暗室でなくても、ダウンライトなどの一部照明下や、カーテン越しにゆるやかな日差しが入る白っぽい部屋でも効果を得ることができる。
○参加者の希望で室内を暗くする場合には、コンセント、器具、コードの配置などの安全に配慮する。

（１）プログラムの流れ

　プログラムはおおむね１回40分程度の活動内容になっており、３つの活動で構成されている。

①海にちなんだ歌を歌う

　ここでは、参加者の期待感を得るために、季節に応じた歌などを用いて導入する。
　今回は、季節が初夏のため、海にちなんだ歌を歌う。これが年末だと、例えばクリスマスにちなんだ歌なども考えられる。

● 留意点
○プログラム実行者は、歌を歌う前に、夏にはプールや海に行く話をしたり、子どもたちに夏になったら行く場所などを尋ねたりして、海にちなんだ歌を歌う導入を行っていく。
○歌を歌う前に、子どもたちや参加者が使いやすい小物楽器を配布する。
○ペープサートやパネルシアター、紙芝居などを用いて読み聞かせを行うとより効果的である。

②波打ち際に行ってみよう

　ここでは、参加者が波や風を感じる活動を行う。支援者２名が大きな

横長の透明感のあるオーガンジー布で波をつくり出し、参加者は頭上に来る大きな波や風を感じる（図1）。

- 留意点
  - 参加者といっしょに歌を歌う前に、プログラム実行者は、レインスティック、マラカスなどの楽器や効果音などで、波の音をイメージするように促す。
  - 2名の支援者は、参加者をはさむように両サイドに位置して、青いオーガンジー布を持ち、参加者の頭上で布を上下させる。布を上下させる際には、参加者の様子を確認しながら、速度や高さを変化させてみる。
  - 支援者の数に余裕がない場合には、布で波をつくるグループと波を感じるグループに分かれて、交互に活動することも考えられる。

図1　参加者の頭上で布を波のように上下に揺らす

③海の中に入ってみよう

　泡が出て、中の光の色が変化する筒状の機器であるバブルチューブや、光ファイバーの束で触れて遊ぶことができるサイドグロウ（写真1）を用いて、海の中をイメージする体験を行う。

- 留意点
  - 前述のように、強い光刺激や激しい点滅を伴う器具は用いないようにする。また、光刺激に起因する体調不良が指

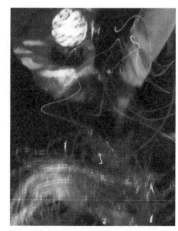

写真1　サイドグロウの光

摘されている子どもが参加する場合には、参加可能か事前に確認を行う。
○この活動では、ゆったりとした雰囲気で、参加者が自由にバブルチューブを見たり、サイドグロウに触れたり、横になったりして楽しめるように配慮する（図2）。そのため、必要のない指示はできるだけ控え、参加者の主体性に委ねる。
○ピアノなどの生演奏やBGMを用いて、雰囲気をつくる。

図2　サイドグロウでやりとりをする

（2）用具について

　サイドグロウやバブルチューブ（写真2）などのスヌーズレン機器は、輸入品である場合が多いが、類似した感覚を得ることができる用具をホームセンターなどで入手することができる。

　例えば写真3は、光ファイバーを用いたインテリア用品である。サイドグロウのようにファイバーの線は太くなく、身体に巻きつけたりすることは難しいが、子どもと支援者で手に持ってやりとりなどに活用できる。

　写真4は、水槽とエアポンプである。水槽の中に、LED発光装置つきのエアポンプを入れると、バブルチューブと類似した視覚的効果を得ることができ、さらに、室内を少し暗くすると、天井に水面が揺れる様子を投影することができる。

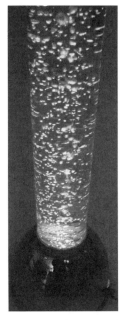

写真2　バブルチューブ

光ファイバーを用いたインテリア用品は数百円から、水槽とエアポンプも併せて数千円で入手が可能である。

写真3　光ファイバーを用いたインテリア用品

写真4　水槽とエアーポンプ

（3）プログラム中の子どもたちの様子

- 楽器を手に、うれしそうに海の歌を歌う子どもたちが多かった。
- 波を表現する布に対して、自発的に手を伸ばす肢体不自由の子どもが多かった。
- 自閉的な傾向がある子どもが、サイドグロウのファイバーを手にし、支援者に示し、やりとりを行う場面が多かった。
- 障害のない乳幼児がサイドグロウのファイバーを手に取り、光を見つめる様子が多く見られた。保護者もいっしょに活動できた。
- 立った状態でバブルチューブの上に手を置き、振動を感じようとする発達障がいのある子どもがいた。
- 支援者といっしょにリラックスしながら過ごす子どもが多かった。

プログラム活動例

内容	ねらい	特性に応じた子どもの目標例	留意点	準備物
1 海にちなんだ歌	時候にちなんだ歌をいっしょに歌う。	・自分の演奏したい楽器を選択することができる。 ・曲のリズムに合わせて、楽器を演奏する。 ・歌を声に出して、いっしょに歌おうとする。 ・プログラム実践者の話を座って静かに聞く。 ・曲を聞き、表情を変化させる。 ・歌詞幕の歌詞を見ながら、指示された箇所をいっしょに歌おうとする。 ・曲のリズムに合わせて、身体を動かす。	プログラム実践者は、海にちなんだ歌を歌う前に、夏の海の話などを行う（可能なら、ペープサート、紙芝居、パネルシアターなどで海の物語の読み聞かせを行うとより効果的である）。	・小物楽器 ・伴奏用楽器 ・ＢＧＭ ・歌詞幕（可能なら・ペープサート・紙芝居・パネルシアターなど）
2 波打ち際に行ってみよう	布によって作り出される「波」を感じる。	・布の動きに対して、視線を向けようとする。 ・布に手を伸ばそうとする。 ・波の音（レインスティックやマスカラなどでつくられる音）に表情を変える。 ・布による風を感じ、表情を変化させる。 ・布で波を作るグループと、波を感じるグループに分かれた場合、順番を守ることができる。	支援者に余裕がある場合には、２名の支援者が布を上下させる動きを行うが、布で波を作るグループと波を感じるグループに分かれて交互に活動する。	・青いオーガンジー布（縦長、約3ｍ） ・レインスティック（ない場合はマラカス）
3 歌を使った遊び	感覚に働きかける用具などで、自発的な動きを引き出す。	・サイドグロウ（光の出るファイバー）に対して、手を伸ばす。 ・サイドグロウを使って、支援者とやりとりをする。 ・サイドグロウや、バブルチューブのある場所まで自分で移動しようとする。 ・バブルチューブの振動を感じる。 ・光の色の変化を見て、色の名前を口頭で言う。	・強い光刺激や激しい点滅を伴う器具は、用いないようにする。 ・光刺激に起因する体調不良が指摘されている子どもが参加する場合には、参加可能か事前に確認を行う。	・バブルチューブ（ない場合には、エアポンプ、水槽） ・サイドグロウ（ない場合には、光ファイバーインテリア用品）

		・クッションの感触を味わおうとする。 ・クッションを使って横になるなど、リラックスしようとする。 ・ゆったりとした雰囲気で過ごすことができる。 ・バブルチューブやサイドグロウに視線を向ける。	・参加者の希望で、室内を暗くする場合には、コンセント、器具、コードの配置など安全に配慮する。 ・指示は控え、参加者の主体性に委ねる。	・BGM音源 ・リラックス用クッション

【付記】

　本章で取り上げた実践事例集は、高橋眞琴（2013）の『実践障害児教育』学研教育出版で連載された「みんないっしょに！キラキラ遊び活動プログラム」に編集を加えたものである。

❖　引用・参考文献

外務省（2016）「障害者の権利に関する条約（略称：障害者権利条約）」http://www.mofa.go.jp/mofaj/gaiko/jinken/index_shogaisha.html で閲覧可能（閲覧日：2016年4月4日）.

鯨岡峻（2005）『エピソード記述入門』東京大学出版会.

田原美紗子・見立知穂・玉井雅洋・山本遥・高橋眞琴（2016）「人間の理解とコミュニケーション―実践場面への主体的な参画を通して―」『鳴門教育大学授業実践研究』第15号、（印刷中）.

第10章

英国での重度・重複障がいのある子どもたちの人間関係の形成の取り組み

ここまで、重度・重複障がいのある子どもたちにとっての合理的配慮や余暇活動について、概観し、重度・重複障がいのある子どもを含む地域での実践プログラムをいくつか紹介した。本章においては、日本の特別支援教育のモデルの一つであるといわれる英国での重度・重複障がいのある子どもを含む地域の学校の教育実践について、特に、「人間関係の形成」という視点で、紹介する。

1.　英国のCommunity Schoolの取り組み

(1)　α Community Schoolの概要

　α Community Schoolは、英国ロンドンのニューハム地区に所在する通常学校であるが、11歳～16歳の日本の中学校の年齢に近い子どもたちが通学している。全校生徒は、400名であり、35以上の言語が話され、多様性に富む学校である。

　学校内は、工学棟、語学棟、健康棟、芸術棟といった形で、学問領域ごとに棟が設置されており、生徒は、それぞれの棟に赴いて学習を行う。SEN (Special Educational Needs) のサポートを必要とする生徒のために、中心的なリソースとなる棟も設置されている。

　英国においては、日本でいう重度・重複障がいと類似する概念であるPMLD（Profound and Multiple learning disabilities)の生徒が、この学校においては、14人在籍している。学校には、理学療法士、作業療法士、教員、社会福祉に関連するスタッフが常勤スタッフとして勤務している。したがって、理学療法のプログラムや作業療法、音楽療法などのプログラムも多く存在する。

　筆者らは、この学校において、2016年3月にフィールド調査を行った[注1]。調査方法は、学校内での静止画像記録、授業での観察記録、音声データであり、学校側からの学術研究での使用許諾を得た。本書においては、特に、

「重度・重複障がいのある子どもと周囲の子どもたちとの人間関係の形成」という視点における実践を抽出し、検討を行うこととする。

（2）重度・重複障がいのある子どもの人間関係の形成に関するインフォーマルインタビュー

本研究においては、重度・重複障がいのある子どもたちとの周囲の人々との関係形成に関して、インフォーマルインタビュー調査を、勤務する教員1名、重度・重複障がいのある子どもを通学させている保護者1名に英語で行った。得られた内容は、そのまま筆者が翻訳した。その結果、以下のようなコメントが得られた。

① 教員からのコメント

まず、教員と子どもとの関係を形成するために、まず、子どもたちのライフヒストリーをききとります、何が好きで、何が嫌いかについても…。普段は、ビッグマックなどを用いて、重度・重複障がいの子どもたちは、挨拶を行っています。

重度・重複障がいのある子どもたちと周囲の子どもたちとの関係づくりを行うためには、子どもたちは、すべて、通常学級でのミックスグループに所属しています。

周囲の子どもたちは、重度・重複障がいのある子どもたちの関心に基づいて、ボランティアプランアクティビティを検討している。また、どのような付加的なコミュニケーションがあるのかについて、一緒に考える努力をしています。

地域のコミュニティとの関係づくりにおいては、コミュニティにパートナーがいて、ボーリングやアクティビティをはじめとするティーンエージャー向けのアクティビティを行っています。コミュニティの広い範囲から活動を行ってくれる人を呼んでいます。

このように、教員や周囲の子どもたちは、自分の所属する学校の仲間として、様々なアクティビティを通して、関係形成を図っていることがわかった。

② 重度・重複障がいのある子どもの保護者からのコメント

この学校は、とてもいいです。ロンドンのこの地域においては、私は、1時間半かけて子どもをこの学校に通わせていますが、子どもは、とても友達に会うのを楽しみに学校に通っています。通学は、バスで行っていますが、費用は無償です。ロンドンのこの地域においては、特別支援学校を閉鎖して、新しい学校を創る取り組みを行っています。この学校は、設備やカリキュラムもよくできています。コミュニティの中で、子どもたちを育てる姿勢があります。

（3）関係形成を促すアクティビティの例
① バディグループ

昼食前に、全校生のそれぞれが所属するバディグループで各教室に集合し、サマースクールなどの活動計画を担当教員と立てる。もちろん、重度・重複障がいのある子どもやSENのある子どもも所属している。バディグループ専用のファイルがあり、計画を立てるとシールを貼るようになっている。ファイルは、保護者が確認するようになっている。筆者らが訪問した際には、カレッジが主催するオープンキャンパスのツアーの計画と次の週に誕生日を迎える生徒の誕生日会の計画を立てていた。

バディグループの活動内容や出席状況は、すべて校内LANで管理されており、なぜ、欠席したかについての理由も記されている。これまで、学校に登校できず、友だちと話す機会もあまりなかった子どもがバディグループの取り組みをきっかけに、登校できるようになった事例もあるとのことだった。

② アセンブリー（集会）

学校においては、「多様性やインクルーシブを尊重する学校」というコンセプトに基づき、様々なテーマのアセンブリーが実施されている。筆者らが訪問した際には、3月8日の国連の International Women's Day に関する講義が集会で行われており、若くして結婚していくティーンエージャーの存在や、平等に関する話題提供がなされていた。

③ ランチタイム

ランチタイムは、カフェテリアで重度・重複障がいのある子どもも、周囲の子どもたちも一緒に食事をする。介助ありで、摂食を行っている子どもや経管栄養で食事をしている子どももいて、それぞれのスタイルでランチタイムを楽しみながら過ごしている。

④ ブレックファストクラブ

ブレックファストクラブは、この学校以外でも地域の通常学校で行われており、家庭の状況から食事が十分にいき届きにくい多様な子どもたち向けに、朝の授業開始前に行われる。教員もキッチンで一緒にクッキングを行い、みんなでテーブルを囲んで話をするといった内容である。

図10-1 アクティビティの一つであるブレックファストクラブ

（4）設備面に関して

① ソフトルーム

ソフトブロックで圧感覚などを得ることが可能なソフトルームが重度・重複障がいのある子どもと周囲の子どもたちとの関係形成で活用されている。周囲の生徒もこの部屋にやってきて、一緒に遊ぶことやストレスの発散を行っているとのことであった。

② センソリールーム

　日本でいると特別支援学校や福祉施設に設置されているスヌーズレンルームである。五感を介したコミュニケーションを行う場として活用されている。Sensory に関するカリキュラムも組まれている。声かけで、バブルチューブの遠隔スイッチを参加者間で順番に押すなどの取りくみが行われていた。壁面には、様々な感触を用いた装飾が施されており、音楽を介したコミュニケーション、サインを用いたコミュニケーションなど、五感のすべてを総動員して、コミュニケーションが行われている様子がうかがえた。

図10-2　センソリールームの様子

2. 通常学校における重度・重複障がいのある子どもたちとの関係形成

　本章では、重度・重複障がいのある子どもたちと周囲の子どもたちとの関係形成に関して、英国の通常学校であるコミュニティスクールの実践例を紹介した。
　当該地域においては言語や SEN をはじめとする多様な子どもたちが通常学校に在籍しており、センソリールームなど五感を生かしたアクティビティは、超早期教育を行うチャイルドセンターから小学校、中学校に

至るまで、存在していたのが印象的であった。センソリールームにおいては、音、振動、サイン、ＡＡＣなど様々なデバイスを駆使して、重度・重複障がいのある子どもたちとの関係形成を図っていた。

　日本において、特別支援学校における活動というなら容易に理解できるが、「通常学校」での取り組みという中に、「重度・重複障がいのある子どもたちをコミュニティの中のメインストリームにおいて、育てる」という教員の熱意が感じられた。

❖　注

日本学術振興会：科学研究費助成事業（基盤Ｃ）「グレーゾーンの子どもたちの処遇をめぐる社会学的研究―日英の比較を通して―」（研究代表者：原田琢也、研究課題番号：15K04381）による。

おわりに

　本書においては、重度・重複障がいのある子どもたちとの人間関係の形成について、検討を加えてきた。
　重度・重複障がいのある子どもたちとの人間関係の形成について考えるきっかけになったのは、大学医学部附属病院での体験だった。私自身がハイリスクな周産期を経験し、子どももNICUで治療も受けた。生命にも関わる厳しい状況だったことも知り、自分がその場に「存在」していることの意味を改めて考えた。NICUでは、人工呼吸器等の医療行為を必要としている子どもたちにたくさん出会い、出生の瞬間から、子どもがこのような状況になり、家族の生活も一変することを目の当たりにして、「人生とは何か」ということを考えるようになった。この経験を機に、重度・重複障がいのある子どもたちと関わるようになったのである。
　私自身もはじめて、重度・重複障がいのあるお子さんと二人きりになった際には、どのようにコミュニケーションをとろうかと模索した。それから、子どもたちが今、どのように感じ、どのような気持ちでいるのか考えるようになった。私自身のリサーチクエスチョンは、「個別でのかかわりから地域での関係形成へつなげるには、どのような学習論が必要か」であった。
　まず、重度・重複障がいのある子どもが、複数の同年代の子どもと共に学習する場面を経験した際の社会的相互作用について時系列的に比較を行い検討した。共に学習する場面が、重度・重複障がいのある子どもの感覚や、社会的相互作用に影響を与えていることが示唆され、周囲の子どもにとっても重度・重複障がいのある子どもの理解につながり、インフォーマルな関係にも発展する可能性があることが示唆された。次に、

重度・重複障がいの概念や歴史的な状況を整理することで、家庭や特別支援学校での生活が中心であった重度・重複障がいのある子どもたちの生活上の基盤となる社会資源について議論し、2014年に、批准した国連障害者の権利に関する条約に関連する重度・重複障がいのある人にとっての合理的配慮の具体的内実をまとめた。

　「文部科学省所管事業分野における障害を理由とする差別の解消の推進に関する対応指針について（通知）」によると「合理的配慮は，一人一人の障害の状態や教育的ニーズ等に応じ，設置者・学校及び本人・保護者により、発達の段階を考慮しつつ合意形成を図った上で提供されることが望ましく、その内容を個別の教育支援計画に明記することが重要である」とされている。特に、重度・重複障がいのある子どもたちの「合理的配慮」について、本人の意思を確認しながらどのように、個別の教育支援計画に明記するかについては、「人間関係の形成」が基盤となることは間違いないだろう。

　2016年3月に調査した英国においては、「特別な教育的ニーズ」に対して、大きく制度改革が行われ、現在、EHCP（Education Health and Care Plan）が打ち出されている。通常学校に、このプランをもっている重度・重複障がいのある子どもたちも在籍しており、障がいのある子どもも、ない子どもも共に学ぶ体制が構築されつつある。学校現場にもケースワーカー、セラピストといった専門職が常勤職員として勤務しており、日本でいう「関係諸機関の連携」が学校内でワンストップで完結している。日本におけるインクルーシブ教育システム構築に向けてもこのプランは、十分に参考になるだろう。

　本書では、「障がい」「子育て支援」「地域教育」、重度・重複障がいのある子どもの家族、特に、お子さんを育てる「母親のジェンダー問題」「本人や家族の心理的安定」など様々な課題が複合的に組み合わさった学際的な研究を取り扱った。そのため、神戸大学大学院人間発達環境学研究

科の先生方の研究領域でのご示唆は貴重であった。朴木佳緒留名誉教授からは、男女共同参画や重度・重複障がいのあるご本人やご家族に寄り添った研究のあり方について、貴重なご示唆をいただいた。末本誠名誉教授からは、ライフストーリーを応用した研究方法論について、様々な国際シンポジウムに参加する機会をいただき、現在の私自身の特別支援教育研究の方法論の一つとなっている。伊藤篤教授には、本研究での「かかわり・つながりリスト」を用いた活動プログラムについて、研究と実践との往還について、貴重なご助言をいただいた。重度・重複障がいのある子どものピア・モデル学習という新たな研究方法論についてもご示唆をいただいた。

　臨床心理の吉田圭吾教授からは、保護者と関わる際の視点について、貴重なご示唆をいただいた。中林稔堯名誉教授から、重度・重複障がいのあるお子さんの運動・感覚面の指導、手足の触圧の手技をはじめとして、本書で取り上げた「かかわり・つながりリスト」の試案作成で貴重なご示唆をいただいた。津田英二教授からは、神戸大学大学院人間発達環境学研究科ヒューマン・コミュニティ創成研究センター障害共生支援部門でのアクションリサーチをはじめとして、本研究の基盤となる様々な知見についてご情報の提供やご示唆をいただいた。

　また、所属先の鳴門教育大学大学院学校教育研究科（兵庫教育大学大学院連合学校教育学研究科学校教育臨床連合講座）の田中淳一教授からも重度・重複障がいのあるお子さんの脳機能と生理学的知見について、海外でのご研究を踏まえ、様々なご情報の提供をいただいた。特に、'subfornical organ'（脳弓下器官）を中心とした水分摂取に関するご研究などは、重度・重複障がいのあるお子さんのウエルビーイングにもつながるものだろう。

　また、ジアース教育新社の加藤勝博様には、出版に際して、多大なご尽力、ご配慮をいただいた。肢体不自由教育の文献の一つになるかと考

えると、重度・重複障がいのあるお子さんが地域で様々な人々と関わりながら、生き生きと生活できるという夢が広がってくる。最後に、研究にあたっては、重度・重複障がいのあるご本人やご家族、研究者の皆様、関係機関の皆様に多大なるご協力をいただいた。関係者の皆様にも改めて、この場を借りて、深くお礼を申し上げたい。

2016 年 4 月

高橋　眞琴

［著者紹介］

高橋　眞琴

鳴門教育大学大学院　特別支援教育専攻　准教授

神戸大学大学院人間発達環境学研究科　博士課程後期課程修了
博士（教育学）、臨床発達心理士
神戸大学大学院人間発達環境学研究科ヒューマン・コミュニティ創成研究センター障害共生支援部門学外部門研究員

重度・重複障がいのある子どもたちとの人間関係の形成

平成 28 年 5 月 20 日　初版第 1 刷発行

著　者　高橋　眞琴
発行者　加藤　勝博
発行所　株式会社ジアース教育新社
　　　　〒101-0054　東京都千代田区神田錦町 1-23 宗保第 2 ビル 5 階
　　　　電話 03-5282-7183　FAX 03-5282-7892
　　　　E-mail：info@kyoikushinsha.co.jp
　　　　ホームページ（http://www.kyoikushinsha.co.jp/）

カバー・表紙デザイン　株式会社彩流工房
印刷・製本　シナノ印刷株式会社
○定価はカバーに表示してあります。
○乱丁・落丁はお取り替えいたします。（禁無断転載）
Printed in Japan
ISBN978-4-86371-353-6